U0947396

与时代同行

我做主题出版

刘敬文 著

中国出版集团有限公司
研究出版社

图书在版编目(CIP)数据

与时代同行:我做主题出版 / 刘敬文著. -- 北京 : 研究出版社, 2025. 9. -- ISBN 978-7-5199-1933-7

Ⅰ. D239.2

中国国家版本馆 CIP 数据核字第 20252Q7P13 号

出 品 人:陈建军
出版统筹:丁　波
策划编辑:侯天保
责任编辑:杨　猛

与时代同行:我做主题出版
YU SHIDAI TONGXING:WO ZUO ZHUTI CHUBAN
刘敬文　著
研究出版社 出版发行
(100071　北京市丰台区右外西路2号中国国际出版交流中心3号楼8层)
北京隆昌伟业印刷有限公司印刷　新华书店经销
2025年9月第1版　2025年9月第1次印刷
开本:710毫米×1000毫米　1/16　印张:14.5
字数:181千字
ISBN 978-7-5199-1933-7　定价:58.00元
电话(010)59901918(发行部)　59901958(总编室)

目　录

前　言

主题出版策划能力提升的路径和对策

——以时政类主题出版图书为例

一个合格的策划编辑要重视维护与作者的关系，注重与作者沟通能力的培养。“从事出版工作的编辑，广泛的作者队伍关系、良好的人际交往能力被认为是选题策划成功的基石，也是出版社衡量一个编辑价值几何的重要尺度。”策划编辑要想方设法与作者交流创意；要有虚心的态度，时刻准备向专家学者请教。

近年来，众多出版社对主题出版越来越重视，并加入主题出版的工作中来。“主题出版是以特定主题为出版对象、出版内容和出版重点的出版宣传活动。具体来说，就是围绕党和国家重点工作和重大会议、重大活动、重大事件、重大节庆日等方面所开展的重大出版活动。”在新时代，如何提高主题出版策划能力，关系到出版社能否推动主题出版精品化、品牌化发展，取得社会效益和经济效益的双丰收。

把讲政治放在第一位，服务于党和国家工作大局

首先，要坚持学习贯彻习近平新时代中国特色社会主义思想。习近平总书记在党的二十大报告中，提出“推进文化自信自强，铸就社会主义文化新辉煌”的重大任务，就“繁荣发展文化事业和文化产业”

作出部署安排，为做好新时代文化工作提供了根本遵循、指明了前进方向。在主题出版图书策划方面，一定要把策划好、出版好学习贯彻习近平新时代中国特色社会主义思想相关图书作为出版工作的首要政治任务。

其次，要关注党和国家重要时间节点、重大事件等。这些重要时间节点、重大事件，一般要求相应地策划一些重点出版物，以配合党和国家的宣传工作。因此，我们必须提前关注、提前布局，否则临时抱佛脚，往往出版不及时，降低了图书的影响力。比如，作为主题出版传统重镇的人民出版社，围绕宣传贯彻党的二十大精神，提前布局，自主策划出版了《二十大党章学习手册》《二十大关键词》《图解二十大党章》等图书。这些图书时效性强，作者权威，写作专业，可读性强，为图书类主题出版树立了标杆。

最后，要通过各种途径尽可能及时、全面地了解到一些时政类信息。掌握信息，要做到及时。比如，我们可以每天观看《新闻联播》，经常浏览新华网、人民网等网站，阅读《人民日报》等，这样可以掌握党和国家领导人的一些重要活动，以及一些最新的讲话。这些活动和讲话，为主题出版提供了重要的素材。

总之，要着眼于满足人民日益增长的精神文化需求。策划相关图书要坚持把社会效益放在第一位，高扬主旋律，为人民出版精品力作。编辑策划选题要坚持精品意识，切忌粗制滥造，哗众取宠，制造噱头。

加强出版知识的学习，提高编校能力

熟悉编辑业务，具有一定的编校水平，提高业务技能，这是做好图书策划的前提。编辑一定要有谦虚的态度，多向同事学习，多参加培训，多看出版专业的相关书籍。

过硬的文字功底，是编辑安身立命的根本。一本书稿中难免有错别字、病句、知识性错误等，合格的编辑应帮作者订正完善。年轻编辑入行之后，一般要经过两三年的学习锻炼，才能对编辑流程有所熟悉，编校水平才会达到一定的水准。一定的编校水平，是编辑的基本功。很难想象，一个不具备起码编校水平的编辑能做好策划编辑。编辑书稿的过程，要完成从读者视角到编校视角的转换，学会“咬文嚼字”，既重视宏观，也在微观上仔细打磨。“我们的编辑出版工作，常常是一不小心，一个致命的差错，一个致命的细节，就可能毁掉一本内容上好的书、一期美文满载的杂志，甚至酿成大祸。”[①] 策划编辑不但要策划选题，也要做一些责任编辑的具体工作，对书稿进行加工整理。加工整理书稿的过程也是学习的过程，有助于提高自己的专业理论水平，也有可能发现空白点，从而策划出优秀的图书。

年轻编辑要熟悉出版的流程。一本书的出版，是一个系统的工程。策划编辑要胸中有丘壑，对市场调研、选题提出、选题申报、联系作者、三审三校、封面设计、版式设计、用纸用料、宣传工作、出版周期、稿酬标准、成本核算、政策要求等，都要非常熟悉。对出版流程的熟悉，有利于计算出一本书出版过程中每个环节上需要用的时间，从而保证图书按时出版；有利于在各个环节上严把质量关，保证图书的质量；有利于加强与同事的沟通交流，保证出版工作的顺畅进行，争取产生“一加一大于二”的效果。

---

① 聂震宁：《致青年编辑的十二封信》，人民教育出版社 2020 年版，第 60 页。

提高学术修养，培养敏锐的洞察力

编辑要具有一定的专业能力。新时代，年轻编辑在学习出版专业相关知识的同时，需要加强某一领域的深耕细作，提高专业知识能力，从而提高选题策划能力。

编辑要以自己的专业为基础，练好基本功。提高主题出版策划能力，必须以自己的专业能力为基础，持续加强学术修养。只有对某一个学科有一定的研究，才能以理论为指导，分析看待现实问题，从而发现图书出版的空白点。自己读书时所学的专业，是我们安身立命之本，入行不久去做主题出版图书的策划，首先不能“忘本”。不“忘本”就更容易出成绩；舍“本”逐其他的领域，很容易费力不讨好。

编辑要广泛涉猎多个学科知识，与时俱进。主题出版的特点是，内容广泛，信息量大，一些编辑会感觉自己读书期间所学的专业知识不够用。现在很多出版社的编辑呈现出高学历化，硕士、博士越来越多。但即便如此，从事主题出版工作，也必须加强专业知识的学习。编辑被称为“杂家”。很多社会现象的解释，不是单一学科可以解决的。这意味着，编辑不能满足于自己已有的知识，不但要在横向上涉猎多个学科知识，还要在纵向上与时俱进，紧跟各个学科的研究前沿。因编辑工作比较繁忙，策划编辑要利用好碎片时间进行学习。当前，随着信息化社会的不断发展，通过微信公众号、微博等进行的碎片化学习，已然成为出版编辑人员的主要学习方式。

培养作者队伍，与作者亦师亦友

一个合格的策划编辑要重视维护与作者的关系，注重与作者沟通能力的培养。“从事出版工作的编辑，广泛的作者队伍关系、良好的人际交往能力被认为是选题策划成功的基石，也是出版社衡量一个编辑价值几何的重要尺度。”策划编辑要想方设法与作者交流创意；要有虚心的态度，时刻准备向专家学者请教。

尤其重要的是，编辑要有与作者相互激发、共同成长的意识。编辑是作者与读者之间的桥梁和纽带。对于那些年轻的作者，编辑更要有长期合作意识，争取做到与其共成长。策划编辑的一个创意，得到作者的共鸣，进而创作出优秀的图书，作者不但有了经济收益，还扩大了社会影响力。这样彼此能建立起共生共荣的关系，作者以后有好想法也会主动跟编辑交流。人民出版社出版的《“一带一路”：机遇与挑战》就是典型的成功案例。本书是国内第一本“一带一路”通俗读物，系编辑与作者共同策划的，获得央视“2015 中国好书”、中国出版协会“2015 年度中国 30 本好书”等荣誉，取得了良好的社会效益和经济效益。之后，作者又在人民出版社出版了《“一带一路”：中国崛起的天下担当》《大变局下的中国角色》《王义桅讲“一带一路”故事》等图书。

密切关注新技术发展，善用新媒体为出版服务

互联网、大数据、物联网、云计算、人工智能、区块链等新技术的发展，对我国社会各领域各方面产生了显著影响。出版行业作为国民经济和社会发展的一个环节，要密切关注这些新技术的发展，并将编辑出版工作与新技术相结合，推动编辑出版的创新性发展。比如，近几年，国家重视数字出版的健康发展，制定相关的法律和政策。当前，数字出版已经成为出版行业发展的重要方向之一。策划编辑要对互联网的发展情况、数字出版的特征、多媒体技术的特性等有充足的了解，学会利用新媒体新技术为图书的编辑出版服务。“编辑应以开放包容的心态迎接其中的机遇与挑战，在实践中加入多种媒介丰富内容呈现形式，进一步推动出版业态转型升级。”比如，编辑可以利用多媒体平台捕捉读者的兴趣热点，收集读者的反馈信息，从而为选题策划提供方向；专业主播、作家、图书编辑等现身直播间，与读者进行互动，拉近了与读者的距离，也扩大了图书的影响覆盖面，推动了图书的销售；生成式人工智能的发展，在选题策划、内容撰写、编辑校对、宣传推广等领域可以为我们提供一定的参考。

又如，人民出版社对二维码予以创新性使用，于 2015 年制作出版了中国第一部视频书——《图解政府工作报告（2015）》。2016 年，人民出版社再次推出《政府工作报告》视频书，并正式使用这一名称。通过媒体报道，视频书由此引起整个出版界关注。它是指在传统的纸质书内嵌入二维码，读者用手机扫描二维码便可以通过手机听看相关音视频内容的书籍。

总之，主题出版作为新时代出版业的重要方向之一，必须重视选题策划能力的提升。策划编辑要客观地认识到形势的发展变化，加强学习，提高政治站位，掌握出版知识，提高学术修养，提高发现市场空白的能力，重视与作者的互动，掌握新媒体技术和手段，关注生成式人工智能带来的机遇与挑战。只要久久为功，主题出版必然能出版更多精品力作，满足广大读者不断增长的精神文化需求，助力中华民族伟大复兴。

01.

故事虽小，道理深刻

——《共产党员应知的党史小故事》出版手记

长期以来，我们对红色文化资源的利用仅仅停留在参观、纪念等层面上，没有有效的教育手段和方法；很多党员干部对党的认识，仅仅来源于课本，而在微信公众号等看到的文章，有的断章取义、捏造事实等，带来了负面的影响。如何挖掘好红色资源，是我们党史学习教育、理想信念教育必须解决的问题。《共产党员应知的党史小故事》是我 2019 年策划的一本图书，虽然没有获得什么国内大奖，但取得了很好的经济效益和社会效益。该书出版 2 年后，就已销售了 9 万册。2021 年中央开展党史学习教育，该书经过重印后，又销售了 30 万册。这个成绩的取得，连我自己都感到惊讶。现在回想起来，一本好书的产生，有其必然性，也有一定的偶然性。时来天地皆同力，运去英雄不自由。现在写下一些感悟。

一、很多选题的策划，要经历从山重水复到柳暗花明

图书策划的灵感，经常是我们看了很多书、琢磨了很多想法之后的灵光乍现。可以说，图书策划是一个苦力活，我们经常要面对劳而无功的情况。但我们选择了奋斗，就有可能策划出好的选题；如果我们选择了躺平，则注定在策划选题上两手空空。《共产党员应知的党

《共产党员应知的党史小故事》
（2020）

史小故事》这个选题的想法，来源于我长期对《人民日报》所刊发文章的关注。《人民日报》党建版，在刊发一些记者调查等文章之外，还有一些评论，比如“金台潮声”“党史一叶”等。“党史一叶”栏目刊发了我党历史上一系列党史故事或党史材料。我发现刊发的量足够大之后，就有了结集出版的想法。报纸上的文章，通过结集的形式出版，进行二次传播，有利于增强文章的影响力；对于系列文章的策划者来说，结集成书是对其成果的总结，具有一定的纪念意义。

2019 年正值中央开展“不忘初心、牢记使命”主题教育。中国共产党人的初心是为中国人民谋幸福、为中华民族谋复兴。在全党开展“不忘初心、牢记使命”主题教育，是党的十九大作出的重大决策。学习党史的相关知识，了解党的历程，了解革命先烈的英雄事迹，是开展主题学习教育的重要途径之一。正是因为这个契机，我有了把“党史一叶”整理成书的想法，并打算将书名定为《初心小故事》。然而，当我报选题的时候，发现市场上与初心相关的书太多了。做书，重在创新，要敢走别人没走过的路。焦裕禄常说“吃别人嚼过的馍没味道”，这话虽然直白朴实，但蕴含着深刻的道理。做事如此，做书也是如此。别人有关初心的书，出得早，占了先机，市场份额就被瓜分了一大块。

具体到这个事情上，别人用“初心”作为书名的已经很多了，我们再继续用，经济效益和社会效益就会受到影响。于是，我反复思索，改成什么书名比较好呢？因为原来的栏目是“党史一叶”，并且很多是党史的小故事，每篇文章七八百字，短小精悍，引人入胜，于是我就想到用《共产党员应知的党史小故事》作为书名。

二、思想性、可读性是一本书最厚重的底色

小的时候，奶奶喜欢给我讲故事，很多故事至今仍然记忆犹新。可见，讲故事是很好的教育方式。故事虽小，迸发出的力量却震撼人心。百年党史浩瀚无边，而一个个小故事是恰如其分的抓手，或者说，是最好的引子，激发出我们对党史深入探索和挖掘的兴趣。《共产党员应知的党史小故事》一书主要聚焦于毛泽东、周恩来、刘少奇、朱德、邓小平等老一辈革命家的初心故事。每篇文章 1000 字左右，语言通俗生动，知识量大。100 个党史小故事，或讲述中国共产党老一辈革命家为人处世，或讲述党史上的一些重要事件，体现了老一辈革命家在中国革命、建设和改革中坚定的理想信念和优良作风，体现了中国共产党革命、建设和改革过程中的经验与教训。试举一例。

> 1943 年 3 月 18 日这天，正好是周恩来的农历 45 岁生日，尚在重庆主持南方局工作的周恩来并没有忙着为自己庆生，而是结合 2 年来的整风学习，以及过去革命斗争工作经验总结和自我批评，在办公室为自己写下一份《我的修养要则》：
>
> 一、加紧学习，抓住中心，宁精勿杂，宁专勿多。
>
> 二、努力工作，要有计划，有重点，有条理。
>
> 三、习作合一，要注意时间、空间和条件，使之配合适当，

要注意检讨和整理，要有发现和创造。

四、要与自己的他人的一切不正确的思想意识作原则上坚决的斗争。

五、适当地发扬自己的长处，具体地纠正自己的短处。

六、永远不与群众隔离，向群众学习，并帮助他们。过集体生活，注意调研，遵守纪律。

七、健全自己身体，保持合理的规律生活，这是自我修养的物质基础。

这种小故事，不但体现出周总理的高风亮节，也对我们修身养性、生活学习、干事创业非常有帮助。这种故事，谁不爱看呢？我印象比较深刻的是，很多单位购买该书后，有的选取其中的一两个故事进行朗诵，录成音频，在公众号里播放；有的单位组织员工谈谈阅读体会，写写感想；有的单位摘取一些小故事的文字版在公众号里刊发，方便本单位的员工阅读。看到这么多单位自发地阅读学习，作为一位编辑

首页 > 机构设置 > 直属单位 > 中国监狱工作协会 > 新闻动态

汉口监狱开展党史学习教育助力青年民警成长

来源：司法部官网　发布时间：2021-06-03 21:00

分享到　打印

《湖北监狱》编辑部

“大家好，欢迎大家关注汉口监狱‘青声·青语’栏目，我是出入监监区民警邢渺，下面我为大家讲述节选自《共产党员应知的党史小故事》中的《毛泽东心系群众吃水难》……”

每天上班前十分钟和中午午休时间，湖北省汉口监狱机关和监院内外就会传来阵阵广播声，这是监狱团委以建党百年为契机开设的“青声·青语”青年民警学党史栏目，向全监青年民警招募党史故事讲解员，每次播放一个党史小故事，通过广播环绕播放，并推送至监狱工作群、各党支部工作群等供全监民警收听学习。

队伍教育整顿开展以来，汉口监狱结合党史学习教育，不断强化青年民警学史明理、学史增信、学史崇德、学史力行，通过学党史让百年党史浸润青年民警心田，助力其快速成长；将学习教育成果转化为思想成果、工作成果，促使青年民警立足岗位不断学习、运用、思考、再学习，肩负起使命和责任。

的乐趣和自豪感油然而生。当我们的汗水没有白白挥洒的时候，我们获得的是一种满足感。有本书叫《当图书成为武器》，在我看来，对于编辑来说，图书也是编辑思想的延伸，是编辑知识的再创造，编辑以图书为工具，为国家和社会服务。

三、书稿编选过程中要将编辑的思想融入其中

报纸、期刊等文章结集成书的过程中，编辑不能一股脑地照搬照用，而是要有选择性，并根据形势的发展适当调整一些具体的表述等。我始终不认可把这些文章原封不动地搬过来使用。书是书，期刊是期刊，报纸是报纸，各有各的特点。新入行的编辑，往往认为图书内容跟刊发时一模一样才叫忠实于原作。而实际上，文章收入图书时，可以适当修改、增删，并以题注或者在文章的末尾，注明已作改动。《共产党员应知的党史小故事》出版时，精选了故事情节较多的文章，一些资料性的文章暂时予以舍弃；刊发时一篇之内包括三四个故事的文章，我也将其拆分为一个个小故事，便于读者阅读。

另外，汇编类文章的排序，也是需要考虑的问题。按照刊发时间排序是经常使用的排序方式，这样能避免很多不必要的麻烦，逻辑上也顺理成章。但凡事必须具体问题具体分析，要以方便读者阅读为基本的立足点，读者的认可才是最大的认可。我在整理书稿的过程中，发现一个特点，就是刊发的这些文章中，某一位革命先辈的故事，不止一个，少则两三个，多则六七个，比如毛主席的小故事就有七八个。读者看到毛主席的一个故事，还想继续阅读毛主席的其他故事，这样符合阅读习惯，有利于知识在头脑中的整合，有利于读者全面了解毛主席。《共产党员应知的党史小故事》没有简单地按照刊发时间排序，

而是让某一位革命先辈的小故事前后挨着，然后按照其在党史上的大体地位排序。有了排序的规则，汇编类图书相当于有了血脉，把一块块骨头整合在一起。

四、酒香不怕巷子深

书出版后，我没有大肆宣传，但出乎意料的是，市场销量非常好，读者非常认可。求是网的编辑得知这本书出版，专门邀请我写了篇书评，发在了求是网上。记得当时我正在北戴河，跟著名作家、“人民艺术家”国家荣誉称号获得者、原文化部部长王蒙先生约稿，却意外收到了求是网的约稿，非常高兴。从北戴河回京后，我认真写了一篇小文章《小故事中见初心》。这篇文章主要讲述 1933 年 4 月毛主席在江西瑞金帮助群众解决吃水难问题。这篇文章，可以说是为该书做的唯一的宣传。酒香不怕巷子深。好书到了市场上流通，读者阅读后受益良多，自然口耳相传。有人说，酒香也怕巷子深。实际上，两者都有道理。图书的宣传，要使用社里的大量资源，宣传哪本不宣传哪本，本质上是资源的分配问题。编辑一年出版的书，不可能每本都平均用力地去宣传，而是要选出重点，开发布会，写书评，请媒体报道。然而，那些不是重点宣传的图书，我们不应该放任自流，而是应该保证图书内容的思想性、可读性，装帧设计的精美，即使不重点宣传，也有很大可能畅销起来。

五、红色资源的挖掘仍然大有可为

增强文化自信，要从传统文化、革命文化和社会主义先进文化中汲取力量。我们党在新民主主义革命时期、社会主义革命和建设时期、改革开放和社会主义现代化建设新时期、新时代，积累了大量的红色资源。比如，有形的如博物馆、纪念馆、旧址、革命文物、红色图书报纸期刊；无形的如革命文件、纪律规矩、优良传统、家风家教、工作领导方法等。这些红色资源背后，很多可以进行深入的挖掘，一些鲜为人知的故事，对于我们牢记初心使命、坚定理想信念、提高工作能力非常有帮助。我在策划图书的同时，也试着撰写一些文章，2023年我与中共中央党校（国家行政学院）的郝永平教授一起编著了《工作要有方法》一书，该书对毛泽东、邓小平等人的工作方法进行了通俗化解读，对于党员干部提高工作方法技巧有一定的帮助。在写作的过程中，我切实感受到，中国共产党党史就是一个宝库，我们必须深入挖掘，要是不将其利用起来，就真的太可惜了。尤其是，加强理想信念教育，一定要发挥好“故事”的重要作用。

我说该书酒香不怕巷子深，还是因为，2021年中央开展党史学习教育，当时的情形是，《中国共产党简史》出版之前，中共中央党校（国家行政学院）中共党史教研部、罗平汉著的《中共党史知识问答》卖得非常好，这本书是2021年出版的新书，切合了市场需求。之外，就是我于2019年出版的《共产党员应知的党史小故事》一书。当东风来了之后，我没有无所作为，而是主动出击，拥抱东风。我继续整

《共产党员应知的党史小故事（建党百年纪念版）》（2021）

《新时代的 100 个故事》（2023）

理“党史一叶”的文章，凑齐了100个党史小故事，并将其重印。这样，党史100年，100个小故事，宣传起来朗朗上口，容易让读者记住。另外，这也算是党史100年的纪念版。

如果说，当初策划《共产党员应知的党史小故事》一书属于顶层设计，那么出版之后的事情，属于典型的摸着石头过河。做书就是一个不断摸索的过程，形势不断发展，热点不时出现。怎么把热点和图书结合起来，是我们要掌握的一门艺术。我国1年出版近50万个品种的图书，好多书石沉大海，很多编辑绞尽脑汁地做各种宣传，最后不一定产生理想的效果。编辑应熟知党和国家政策、重大活动等，以及一些热点突发事件，胸有成竹，并将图书的宣传与其恰当地结合起来，这样就能够蹭到流量，很可能比开场新书发布会还有效果，事半功倍。换句话说，编辑要学会蹭流量。在我看来，对于国家重点活动有意义的图书，读者阅读后受益匪浅的正能量图书，要敢于蹭流量，光明正大地蹭，用心用情地蹭，这是于国于民有益的事情，我们没有理由保持沉默。有些编辑沉浸于书海，专注于学术的研究，不关心形势的发展变化，他们可能成为很好的文字案头编辑，但很难将图书的宣传工作做好，也就成为不了一位优秀的策划编辑。

附：书评

小故事中见初心

——读《共产党员应知的党史小故事》有感

1933年4月，中央工农民主政府和中央军委迁到江西瑞金城外的小村子沙洲坝。一天傍晚，毛泽东见到一个老表挑着一担很混浊的水走来，便询问这么脏的水，到底是做什么用的。老表回答是用来喝的。毛泽东仔细看了看水，发现里面不仅脏，而且有小虫，忙问是否能到别的地方挑水用。旁边的老伯回答说："我们沙洲坝就是缺水，人吃、浇地、洗菜，全靠这水。"挑水的老表接着说："北面山脚乌鸦岭下有一股清泉水，就是路远水少，半天才挑上两担，中央机关来了以后，村里一下子多了上千人，吃水用水更困难了。"听罢，毛泽东整晚都在思考如何解决群众饮水难题。第二天，毛泽东就带领红军干部打了井，解决了群众吃水的难题。

这是《共产党员应知的党史小故事》一书开篇第一个故事。在革命战争年代，硝烟弥漫，打败敌人才是压倒一切的事情，毛泽东这样的领导人理应多考虑如何打胜仗，吃水这样的小事情，不值得一顾。然而，毛泽东在看到群众吃水困难后，亲自带领红军干部打井，这种看似"反常""分不清轻重缓急"的举动，却折射出我们党与群众的鱼水深情。我们现在讲，中国共产党人的初心，就是为人民谋幸福，为民族谋复兴。你看，毛泽东同志关心群众吃水问题，不就是这种为人民服务初心的真实写照吗？当我读完毛泽东这个故事之后，由衷地为老一辈革命家的为民情怀感叹，是他们为我们树立了如何坚持走好群众路线的榜样。

《共产党员应知的党史小故事》一书中，还收录了很多类似的故事，诸如周恩来的十条家规、刘少奇眼中的“好党员”、邓小平反对高级干部特殊化、陈云剖析为什么开除刘力功党籍、董必武甘为民仆耻为官、叶挺几经磨难两度入党、张劲夫“让车”救群众、毛岸英给亲属回信反对特权思想，等等。这些小故事，体现了老一辈革命家在革命、建设、改革中坚定的理想信念和优良的作风，体现了他们为革命事业奉献一切甚至生命的大无畏精神，体现了他们始终以国家和民族利益为重的家国大义，体现了他们大公无私、一心为民的情怀。

党史是丰富的营养剂，只有学习党史、悟透党史，我们党的大树在新时代才能更加枝繁叶茂，我们的事业才能更加辉煌。近日，中央“不忘初心、牢记使命”主题教育领导小组印发《关于在“不忘初心、牢记使命”主题教育中认真学习党史、新中国史的通知》，要求各地区各部门各单位把学习党史、新中国史作为主题教育重要内容，不断增强守初心、担使命的思想和行动自觉。从中可见学习党史的重要性和紧迫性。《共产党员应知的党史小故事》一书，语言通俗生动，故事短小精悍，情节感人至深。该书的作者非常权威，主要为中共中央党史和文献研究院、中共中央党校（国家行政学院）、中国浦东干部学院等机构的专家学者，他们学术水平高，大家写小文，驾轻就熟，为我们提供了思想的盛宴。

在党史小故事中寻找老一辈革命家的初心，以小见大，是《共产党员应知的党史小故事》一书的主要立意所在。阅读该书，相信你收获的是对初心深刻的感悟、对理想信念的坚守、对中华民族伟大复兴中国梦的执着。

（原载求是网，2019 年 8 月 6 日）

02.

意识形态工作是党的一项极端重要的工作

——《做一个思想清醒的人——提升党员干部意识形态能力》出版手记

习近平总书记深刻指出："意识形态工作是党的一项极端重要的工作。""必须把意识形态工作的领导权、管理权、话语权牢牢掌握在手中，任何时候都不能旁落，否则就要犯无可挽回的历史性错误。"我作为本硕博都是学习国际政治专业的出版人，时刻保持对党和国家热点问题的关注，尤其关注一些国际热点问题。我希望通过图书，为国家和社会应对一些棘手问题贡献微薄之力。《做一个思想清醒的人——提升党员干部意识形态能力》是我 2018 年责编的图书，该书针对的是国际国内复杂背景下我国意识形态领域的一些重要和敏感问题，旨在为广大党员干部保持思想清醒、政治坚定提供有益帮助和支持。自出版以来，该书不断重印，已经销售 15 万册。一本不足 200 页、仅仅 10 万字的小册子，在新书发布会都没开过的情况下，能达到这个销量，出乎我的意料。今天简单谈一些感想。

一、在历史与现实的统一中寻找市场空白点

我在单位有个习惯，就是密切关注我们社出版图书的销售情况。我认为，每个社都有自己的专长，有自己的发行渠道，比如有的出

版社适合出版文学类的图书，如果它出版一本社会学的研究专著，就很可能难以产生特别大的影响，发行量有限。作为年轻编辑，进入出版行业之后，懵懵懂懂的我们，首先要了解的就是，自己所在的单位擅长出版什么，不擅长出版什么，切忌一入行就赶鸭子上架。这就是所谓的“知己知彼，百战不殆”。作为新手，顺势而为才有可能快速成长；逆势而上，不是没有可能成为黑马，但总归要付出更多的代价。

我在具体的工作中，对我们社自主策划的图书，尤其是那些社会效益和经济效益双突出的，比如获得“五个一工程”奖、文津图书奖、中宣部优秀通俗理论读物、央视中国好书等国内大奖的图书。它们作为成功的案例，是我学习和研究的鲜活教材。这些书的责编，跟我在同一个单位，平台是一样的，我复制或模仿他们的做法并进行适当的创新，取得成功的可能性很大。换句话说，我跟同事比起来，外部环境（外因）是一样的，差异就在于内因的不同，他们可以取得成功，我为何不可以？很多出版社重视“传帮带”，是有一定道理的。习近平总书记强调党员干部要有历史思维，“提高历史思维能力，要加强对历史的学习，坚持历史唯物主义立场、观点、方法，在对历史的深入思考中做好现实工作，增强开拓前进的勇气和力量”“从延续民族文化血脉中开拓前进，从党的百年奋斗史中汲取智慧和力量，从人类文明史中学习借鉴一切优秀文明成果，坚定历史自信、掌握历史主动，我们方能赢得光明的未来”。作为图书编辑，在做选题的过程中，实际上也要有历史思维，连自己出版社的出版情况都不了解，不可能做出好书。聂震宁同志说：“出版社已经形成的内容特色、经营特点和社会认知度，这是编辑们做新选题时不能不认真考量的又一个基本点。”[①] 这与我说的历史思维有异曲同工之处。

《做一个思想清醒的人——提升党员干部意识形态能力》（2018）

2012年，党的十八大提出“中国特色社会主义是当代中国发展进步的根本方向”的重要论断，强调要坚定不移走中国特色社会主义道路。这是对“举什么旗、走什么路”这个根本问题最直接最深刻的回答。作为出版机构，我们有义务旗帜鲜明地做好“举什么旗、走什么路”这一问题的宣传阐释。正如《做一个思想清醒的人——提升党员干部意识形态能力》一书简介中所指出的，从党的十八大以来发生的一些大的贪腐案件中看，在通报这些干部的问题时，总是把“理想信念缺失、宗旨意识淡薄、政治立场动摇”等放在问题的首要位置，这就充分说明了意识形态能力的极端重要性。这是因为：意识形态能力的高低，事关全体政治水平的高低，事关前进方向的正误，事关战略定力的大小。意识形态能力的弱化乃至缺失，将带来极其严重的后果。

2018年左右，我注意到我们单位出版的《新时期领导干部意识形态能力建设》《新时代党的意识形态思想研究》，重印了多次，这给我很大的启发。这说明党员干部特别关心意识形态问题，有很大的市场空间。西方国家对我国的意识形态和价值观念渗透方式更加隐蔽

① 聂震宁：《致青年编辑的十二封信》，人民教育出版社2020年版，第46页。

多样，我们需要提高意识形态方面的警觉性，抵制西方的“和平演变”。因此，中共中央党校（国家行政学院）的黄相怀教授提出写一本意识形态相关书籍的时候，我意识到这是一个很好的契机，他想要写的，正是我想要的，供给和需求在此达成了契合。我就想，针对意识形态问题，争取合作出版一本有针对性地解决读者思想疑惑、有一定理论深度、可读性强的图书。这本书字数不必太多，10 万字左右，让党员干部在这个信息爆炸的时代，在工作忙碌之余，能快速提高意识形态方面的修养和理论水平。值得说明的是，我们这本书，相对于朱继东同志在我们出版社出版的两部著作，特殊之处在于，定位是通俗读物，而不是学术研究专著。我认为，做书不必排斥模仿，但模仿不能照抄照搬，而要有一些创新，要让图书有独特的看点。尤其是对于一个出版社来说，同一个题材的图书，书名差不多的话，就要各有特色，否则就是典型的内卷，不但浪费出版社的资源，而且作为出版物的价值大为降低，当然也很难在社里立项。

对于出版史上在模仿基础上进行创新的典型案例，当时我策划《做一个思想清醒的人——提升党员干部意识形态能力》一书时根本不熟悉，后来看一些书后才有所了解。比如 1915 年商务印书馆出版了《辞源》，中华书局受其启发就启动编辑《辞海》，《辞源》的特色是侧重于古汉语的溯源和演变，而《辞海》则重点满足当时社会普通读者的需求，侧重于介绍一般语词和现代百科语词的基础知识。《辞海》虽然出版靠后，但广受认可。这跟我刚工作时悟到的模仿基础上进行创新，是一个套路。这是青年编辑容易获得成功的一条捷径。

《做一个思想清醒的人——提升党员干部意识形态能力》一书出版后，获得大众的一致好评。黄相怀老师跟我商量，想继续就这个主题进行挖掘，于是有了《提升国有企业党员干部意识形态能力》一书，该书于2020年出版。相对于前一本书，这本书更有针对性，读者群更加细分，写作过程中也更多地考虑到国企党员干部的知识水平和思想困惑。《提升国有企业党员干部意识形态能力》一书策划过程体现出来的思维方式，我觉得可以用一般与特殊的辩证关系来概括。从《做一个思想清醒的人——提升党员干部意识形态能力》到《提升国有企业党员干部意识形态能力》，就是一个由一般到特殊的过程。作为策划编辑，我们应该学习一些哲学的思维方式，这对做好工作很有必要。

《提升国有企业党员干部意识形态能力》（2020）

二、在学术性与普及性的统一中打造精品力作

没有学术性，普及就显得浅薄，达不到以文化人的目的；没有普及性，学术性就只能用于学术交流，让普通读者望而却步、束之高阁。其一，将政治与学术融会贯通，在提高学术品位、思想含量中实现“讲政治”的效果。将政治与学术融会贯通，在我看来，这是新时代主题出版坚持的理念和工作方法之一。主题出版要讲政治，但必须具有一定的学术基础、学术水准，否则就有可能出现事与愿违的情况。因此主题出版必须走出西方话语体系，避开西方逻辑的陷阱，坚持以马克思主义为指导，用中国理论、学术话语分析中国现实问题。《做一个

思想清醒的人——提升党员干部意识形态能力》一书，首先对意识形态能力的重要性进行了介绍，然后分别从意识形态的鉴别力、学习力、思考力、创新力、表达力等五个角度，对党员干部如何提高意识形态能力进行了详细分析。这“五个力”，是创新性的概括，体现出黄教授深厚的学术功底和敏锐的洞察力。这个概括，对于普通读者来说，便于理解掌握。用学术讲政治，首先要求作者具有很高的学术水平，同时也对中国政治有深刻的认识，把讲政治放在第一位，这样站位才高，写出来的作品既有深度，又通俗可读。

其二，通过植入案例阐释学术观点，提高可操作性，是主题出版增加可读性的重要途径之一。《做一个思想清醒的人——提升党员干部意识形态能力》一书，语言通俗生动，引用大量案例，可读性强，是广大党员干部向党中央看齐、增强“四个意识”、避免陷入意识形态误区的优秀通俗读物。对于意识形态问题的解读，案例具有更加突出和重要的作用，它可以给读者醍醐灌顶的感觉，让读者有代入感。好的案例能提供特定的情境并告诉党员干部应对方法技巧，让他们在面对类似问题的时候，知道自己该如何抉择。这不仅影响到个人的世界观，更是方法论层面的指导帮助。这实际上是情境教学法在图书出版上的体现。好的主题出版物，一般不能缺少案例。中宣部的《中国式现代化面对面》一书，是广受好评的主题出版物，也有大量的案例。年轻编辑策划图书的时候，一定要跟作者讲清楚案例论证的重要性。案例的选择必须切合主题，不可赶鸭子上架；案例的使用也要避免从网上东拼西凑，把别人的文章直接搬过来，从而造成侵犯版权问题。现实中有些作者引用别人的文章，连原作者的名字都不加，不但很不规范，而且容易被认为学术不端，这种不严谨的态度和工作方法，是必须摒弃的。使用案例叙述时，语言上要通俗生动，不能太枯燥，让人读了厌烦，昏昏欲睡。要把案例写出故事的味道，写出小说的味道，这样才能引人入胜。

三、在社会效益与经济效益的统一中出彩出色

“主题出版是以特定‘主题’为出版对象、出版内容和出版重点的出版宣传活动。具体来说，就是围绕党和国家重点工作和重大会议、重大活动、重大事件、重大节庆日等集中开展的重大出版活动。”主题出版必须把社会效益放在首位。在生活中，我做书也好，阅读一些畅销书也罢，发现它们要么给人思想启迪，要么非常实用，对我们的工作和生活有帮助。那些思想站位不高、理论水平太低、说理不透彻的图书，读者读了以后提高不了认知水平，必然不会推荐给别人；那些思想站位高、理论水平高、说理透彻的图书，读者读了后，对作者特别佩服，感觉自己看问题的能力和水平提升了，避免误入很多陷阱，就会向周围的人推荐。这个一传十、十传百，形成连锁反应，才会让图书畅销起来，成为名副其实的常销书。在出版的工作中，为了实现把社会效益放在首位、社会效益与经济效益相统一，我们编辑要做的工作有很多，但我反复强调的一条，就是选那些理论水平高的大家，让其来执笔。现在非常流行“大家写小书”，这是有一定规律的。作者有一湖水，才能精挑细选给读者一瓢水；要是作者只有一瓢水，非要给读者一湖水，那只能是生搬硬套，拼拼凑凑，不可能生产出精品力作。作者黄相怀是中共中央党校（国家行政学院）的专家，著作颇丰，且一些作品深受欢迎，比如《不忘初心——中国共产党为什么能永葆朝气？》《提升党员干部政治能力》等图书。《不忘初心——中国共

产党为什么能永葆朝气？》一书作者为中共中央党校八位青年学者，他们以独特的视角、新锐的观点、清新的思想，力图挖掘中国共产党自我革新、不断完善的基因，探寻中国共产党成功之道，深入回答国内外读者关注和困惑的重大问题：中国共产党成功的秘诀是什么？有哪些"看家本领"？中国共产党的执政理念为什么能获得人民的认同？中国共产党如何避免重蹈苏共覆辙？这本书源起于黄相怀老师在《北京日报》理论版发表的题为《中国共产党为什么能永葆朝气》的文章，之后出版社向他约稿，促成了这本书。黄相怀老师能组织团队写出《不忘初心——中国共产党为什么能永葆朝气？》这本畅销书，就说明其能力水平经受住了市场的检验，与这样的高水平作者合作，自然容易成功。

附：书评

思想清醒才能明辨是非

由人民出版社出版的中共中央党校（国家行政学院）教师黄相怀著作《做一个思想清醒的人——提升党员干部意识形态能力》，对广大党员干部提升政治站位、更多地从意识形态角度来看问题，增强社会主义意识形态的凝聚力、引领力，有一定帮助。

意识形态工作是党的一项极端重要的工作。习近平总书记非常重视意识形态工作。他在党的十九大报告中指出："必须推进马克思主义中国化时代化大众化，建设具有强大凝聚力和引领力的社会主义意识形态，使全体人民在理想信念、价值理念、道德观念上紧紧团结在一起。"党员干部如何承担起责任，做好这项极端重要的工作？现实中，一些人认为意识形态工作太虚，可抓可不抓，抓了也不会立竿见影，或者认为没有抓经济工作重要。抓经济工作是显绩，抓意识形态工作是潜绩。显绩看得见，有助于提拔；潜绩往往不明显，无助于仕途。但是，从党的十八大以来发生的一些贪腐案件中看，在通报这些干部的问题时，总是把“理想信念缺失、宗旨意识淡薄、政治立场动摇”等放在问题的首要位置。这难以辩驳的事实告诉我们党员干部，要重视意识形态工作。黄相怀的这部著作，创新性地提出了意识形态的“五力”——意识形态的鉴别力、学习力、思考力、创新力、表达力，以习近平新时代中国特色社会主义思想为指导，从中国特色社会主义理论、党史、国史、国际共运史、现实工作等角度，进行了系统深入的阐发。

书中涉及的问题，很多也是为我们所熟悉的。比如近年来针对抗日战争史、中国革命史的一些抹黑；又如意识形态领域的一些前沿性问题，被人通过“改头换面”“蹭热点”的方式，夹杂在各种以“告诉你真相”为名的文章中；各种以娱乐为噱头，实则充满意识形态色彩的内容大量出现。

黄相怀写这部书的初衷，就是直面现实问题，解答人们思想中的困惑。比如针对经济学领域中斯密的“绝对优势”理论、李嘉图的“比较优势”理论等，作者指出，这些都是披着“中性”的外衣，代表强国利益的意识形态理论。甚至连《末日迷踪》这样的电影，也有隐性植入的意识形态因素，我们党员干部要对此保持适当的警觉。

这本书没有刻板的说教，而是使用大量的案例和通俗易懂的语言，仿佛坐在读者的对面，谈论的话题是严肃的，氛围却是轻松的。作者知识广博，旁征博引，聊得比较“嗨”，读者也能读得入神。

作者将严肃的理论问题与通俗生动的语言和大量鲜活的案例结合在一起，化枯燥为引人入胜。这是一本有温度的书，作者通过换位思考，在写作中时刻想着读者最需要的是什么，怎样讲读者更容易听得明白、更容易接受，最终让阅读这本书，成为一次畅快淋漓的理论学习享受。

王蒙在《闷与狂》一书中有这么一句话："玫瑰与荆棘共生，香菇与毒菇同长，真实与假冒比翼齐飞。"这也是当今意识形态领域的写照。我们的党员干部，在意识形态工作中，一定要以习近平新时代中国特色社会主义思想为指导，掌握理论，善于思考，提高鉴别能力，登高望远。只有这样才不会像温水煮青蛙一样，丧失政治上的敏感性。

（原载《内蒙古日报》2019 年 3 月 21 日）

03.

时代需要什么，我们就策划什么

——《“一带一路”：机遇与挑战》出版手记

《“一带一路”：机遇与挑战》是我2015年策划的图书，该书先后获得一系列奖项，销售量超过25万册，有很好的社会效益和经济效益。该书出版以来，陪伴着我一起成长，在这里我谈谈时政类图书的一些出版体会，以期与同行分享切磋。

一、时代需要什么，我们就策划什么

“在整个图书利润总额中，选题策划的利润贡献率一般在50%左右，有时甚至高于50%。”从中我们可以看出，选题策划对出版来说有多么重要。如果没有好的选题，再出色的编辑和校对，再出色的营销，都难以将一个糟糕的选题做成既有社会效益又有经济效益的图书。那么，对于时政类图书来说，我们应该策划些什么样的选题呢？在具体的工作中，我认为，时政类图书首先要关注时代的需要。

孙中山曾说：“世界大势，浩浩荡荡，顺之者昌，逆之者亡。”一个时代，有一个时代的大势，有一个时代的需要。这个时代大势，既是世界的发展趋势，也是一个国家的发展趋向，当然也是社会的发展动向。这是图书出版的背景。图书出版，尤其是时政类图书的出版，

《“一带一路”：机遇与挑战》(2015)

毫无疑问，与这个时代息息相关，同频共振。作为一位出版人，首先要认清这个时代，方能谋定而后动，策划出为广大读者所认可的优秀作品。

“一带一路”是中国提出的倡议。2013 年 9 月，习近平主席在哈萨克斯坦纳扎尔巴耶夫大学提出共建“丝绸之路经济带”，10 月在印度尼西亚提出建设“21 世纪海上丝绸之路”，一石激起千层浪，国内国际对此进行了热烈的讨论。正如《“一带一路”：机遇与挑战》开篇第一句话所说的，“中华民族伟大复兴的中国梦通过什么途径来实现？中国崛起关键阶段通过什么伟大倡议以确立国际话语权？中华民族伟大复兴的中国梦对人类文明有何担当？‘丝绸之路经济带’与‘21 世纪海上丝绸之路’（简称‘一带一路’）的提出，就是对这些重大问题的切实回答”。这就是当前中国的大势。策划这样的图书，是时代所需、社会所需、国家所需。同时，我发现，国内的电视台、报纸、互联网等对“一带一路”讨论比较热烈，观点纷至沓来，然而出版行业却比较冷清，尤其是缺少面向广大读者的普及类图书。很显然，这是一个市场的空白点，是出版可以施展拳脚的地方。当然，不能打无准备之仗，要谋定而后动，通过互联网、电视、报纸等，我对习近平总书记提出“一带一路”的背景、过程等有了系统的认识。这为我策划相关图书奠定了基础。

二、选对作者很重要

毫无疑问，对于一本图书来说，作者很重要。没有作者提供稿源，巧妇难为无米之炊。对出版社自主策划的选题来说，选一位合适的作者尤为重要。作者是否合适，一是看其是否对该问题有深入的研究，二是看其是否有较好的文笔。前者保证文章写作的专业性，不至于写出来的东西没有价值可言；后者保证写出来的东西具有可读性，不至于读者读不懂，读不进去。

具体到《“一带一路”：机遇与挑战》一书的策划而言，我很庆幸，能和王义桅教授合作。王义桅是中国人民大学国际关系学院的教授，博士生导师，国际关系领域的权威专家，且有中国驻欧盟使团外交官的经历，对中国的政策和世界的形势有很好的认知。我之前便和王教授认识，对他的学术素养是了解的。此外，王教授文笔很好，善于在文中讲故事，化深奥为通俗，让普通读者也能读明白，读得进去。当时，让我犹豫的是，不知道王教授是否对“一带一路”有专门研究。于是，我在网上搜索了他在《人民日报·海外版》等媒体发表的几篇探讨“一带一路”的文章，发现他写得很专业。事后也证明，《“一带一路”：机遇与挑战》的书稿专业程度及语言风格，符合普通读者的阅读需求。

三、编辑要参与图书内容框架的设计

编辑与作者如何就书稿内容的框架进行互动，对书稿的成功与否有很大的影响。我从这几年做编辑的经验得知，很多专家学者写作，考虑得较多的是该书的专业性，比如观点是否有所创新和突破，而对于读者的需求和阅读能力考虑得较少，自然也不太考虑图书是否有市场等问题。实际上，书的框架决定了作者要写作的大方向。编辑想让图书在市场上受读者欢迎，必须与作者一起设计图书的框架，善于与作者沟通，并从出版的角度提出真知灼见。这就促使编辑不仅要专，对某一学科有深入研究，而且要博，对其他学科有所涉猎。这样，才能在与作者构思框架时不至于畏首畏尾，提出的意见有见地。

回忆起《“一带一路”：机遇与挑战》图书的策划过程，当王义桅教授来到人民出版社时我仅仅是要策划一本“一带一路”的图书，对于具体怎么写、写什么，思路并不清晰。我问王教授打算写“一带一路”哪一方面。他说，当前国内谈“一带一路”机遇的比较多，谈风险的少，为此我们可以详细深入地介绍“一带一路”面临的风险与挑战，为政府、企业等开展“一带一路”工作提供参考。我特别佩服他对“一带一路”研究之专业、深入，一针见血地指出了国内研究存在的缺憾和读者关心的问题。任何一个规划的实施，都面临风险问题。但仅仅写风险并不太合适，读者也关心机遇。要是将“机遇”与“挑战（风险）”都写进去，辩证地看这个问题，更加客观理性，社会更容易接受。于是，我把这个想法跟王教授讲了，他也深表赞同。于是，便有了《“一带一路”：机遇与挑战》的书名和基本框架。该书的第一部分对“一带一路”进行了简要介绍，第二部分谈“一带一路”机遇，第三部分谈“一带一路”的挑战，第四部分谈如何建设“一带一路”。全书 18 万字，一气呵成，读者看后可以对“一带一路”有系统全面的认识。

四、控制出版进度

时政类图书，与其他类图书的不同点，就在于时效性强。某一个主题的图书，首先出版的往往占尽先机，出版社支持，媒体关注，读者关注，销售量自然能保证。“一带一路”这个主题，是典型的时政类图书，时效性强。作者不交稿，图书编辑等环节便不能继续下去，出版社只能干着急。我当时和王义桅教授商量的是，3 个月见书稿，1 个月内出版，争取成为国内第一本从国际关系角度解读“一带一路”的著作。为了完成书稿，王义桅教授加班加点，利用一切时间，甚至在飞机上都在写。这让我非常感动。最后，王教授如约交了稿件。

值得说明的是，在编辑书稿的过程中，发改委、外交部、商务部联合发布了《推动共建丝绸之路经济带和 21 世纪海上丝绸之路的愿景与行动》，王教授又根据文件内容对书稿及时进行了修改，保证了书稿的质量及出版进度。这说明，时政类图书与国家政策等密切相关，编辑要时刻关注国家政策、文件等的出台或变化，及时将相关变化体现在图书之中，才能避免图书一出版便过时的尴尬。

作者交稿后，出版社要掌握好出版进度。首先，编辑要尽快地、高质量地完成书稿内容的初审工作。我在编辑《“一带一路”：机遇与挑战》过程中的想法是，好的稿子到了自己手上，必须全力以赴，才能对得住作者、对得住书稿。在保证质量的同时，要为下一环节留出更多时间，做到“顾后”。其次，要统筹协调好复审、终审、校对、封面设计等工作。我很感激人民出版社原总编辑辛广伟及原编辑室主任张振明，他们不但对封面设计、书名等提出了宝贵的指导建议，还协调我们部门及其他部门的同事加班加点，保证了图书出版的快速、高效。可以说，没有人民出版社领导及同事的支持，也就没有该书的出版及当时广泛的社会影响。众人拾柴火焰高，一本好书的出版，作者很重要，出版社内部的支持与协调工作同样重要。《“一带一路”：机遇与挑战》出版后得到社会的广泛关注，很多媒体“不请自来”进行报道，其中很大的一个原因，是该书系国内首本从国际关系角度通俗解读“一带一路”的著作。在察哈尔学会举办的新书发布会上，有读者自愿从上海赶过来参加；在中国人民大学重阳金融研究院召开的发布会上，原本能坐 100 人的礼堂，挤进了 150 多人，后面站了好几排人，可见其受欢迎程度。有的学者针对该书的创新性，评价王义桅教授是“弄潮儿向涛头立，手把红旗旗不湿”。有的记者跟我反映：这书出版正逢其时，发改委、外交部、商务部的“一带一路”愿景与行动文件刚公布，你们就出版了这么优秀的著作，正是我们所需要的，我们愿意为这本书做报道。

五、图书装帧设计要注意细节

好的封面往往能够吸引读者,并在书店众多品种图书中脱颖而出,而不太好的封面容易让读者产生逆反心理,在书店里也容易泯然众人。所以，编辑要提高对封面设计重要性的认识。有些编辑认为，书籍设计是图书设计师的工作和职责，与编辑无关。编辑只需要坐享其成，将书稿电子版交给设计师后就可不闻不问。实际上，图书设计师手头通常有很多书要设计，若要求他对所有的书稿都通读以了解内容，并不现实。为了帮助设计师掌握一本书的内涵和精要，编辑就要主动作为，与设计师多谈些书稿的内容，甚至为其出谋划策。《“一带一路”：机遇与挑战》的封面分两部分，上半部分是商队在沙漠中行进，背景是黄色，喻示丝绸之路经济带；下半部分是蓝色，是海水的颜色，喻示 21 世纪海上丝绸之路。该书第一次印刷上市后，部分读者觉得封面过于学术化，不太活泼，我们重印时又设计了个浅蓝色的腰封，腰封上印有该书的获奖信息，这样既产生宣传的效果，又让封面更加活泼，吸人眼球，一举两得。在封面设计的过程中，编辑要发挥主观能动性，与设计师多沟通，广泛听取同事、读者的意见，不断完善，决不可一意孤行，主观臆断。

六、利用一切渠道做好图书的宣传与发行

俗话说得好，酒香也怕巷子深。当今是一个信息爆炸的时代，每年出版的图书品种就有几十万种，更不用提电视、互联网、移动新媒体上更加繁杂的信息。因此，图书的宣传工作非常重要。没有宣传，读者连有没有这本书都不知道，当然不会购买。作为编辑，要有宣传意识。书一出版便万事大吉，被动等待读者来发现的想法，早已过时。《“一带一路”：机遇与挑战》出版后，宣传工作主要有以下几个方面。

1. 主打两场新书发布会

围绕该书举办了两场新书发布会，第一场是人民出版社与察哈尔学会合办的，第二场是人民出版社与中国人民大学重阳金融研究院合办的。两场发布会都邀请了众多专家及媒体人士，每场效果都很好，座无虚席，提问踊跃，思维碰撞出火花。

2. 撰写书评

王义桅教授邀请了时任中央社会主义学院第一副院长、党组书记叶小文，国务院发展研究中心副主任隆国强为该书撰写书评。他们的书评有一定的权威性，发表在《经济日报》《北京日报》等媒体后，产生了很大的影响。

3. 举办读书会

在人民出版社读书会的支持下，我们举办了两场读书会，让读者和王义桅教授面对面交流，近距离接触。王义桅教授学识渊博、口才极好，给听众留下了深刻的印象。

4. 利用互联网进行宣传

“互联网 +”时代已经扑面而来，过不了互联网这一关，编辑就过不了成长成才这一关。网站、微博、微信等是图书宣传的重要方式。我们充分利用了这些渠道，选取精彩内容进行发布，实现了很好的效果。

5. 将图书的获奖信息及时传递给读者

《“一带一路”：机遇与挑战》先后获《中国新闻出版广电报》2015 年度好书、中国出版协会“2015 年度中国 30 本好书”、中国图书评论学会与中央电视台联合推出的“2015 中国好书”等多个重要奖项。该书还入选中宣部理论局、中组部干部教育局向党员干部推荐第十一批学习书目，被全国众多地方省市党委理论学习中心组列为学习参考用书。图书的获奖信息，我们均在书的腰封上体现出来，并与当当、京东等网店沟通，将获奖信息列入图书的简介之中。

6. 作者主动宣传该书

对于图书的宣传，出版社的工作很重要，但没有作者的配合，效

荣誉证书

人民出版社：

你单位出版的《"一带一路"：机遇与挑战》荣获2015年度中国30本好书。

特颁此证。

中国出版协会

二〇一六年一月

《"一带一路"：机遇与挑战》荣获中国出版协会“2015年度中国30本好书”

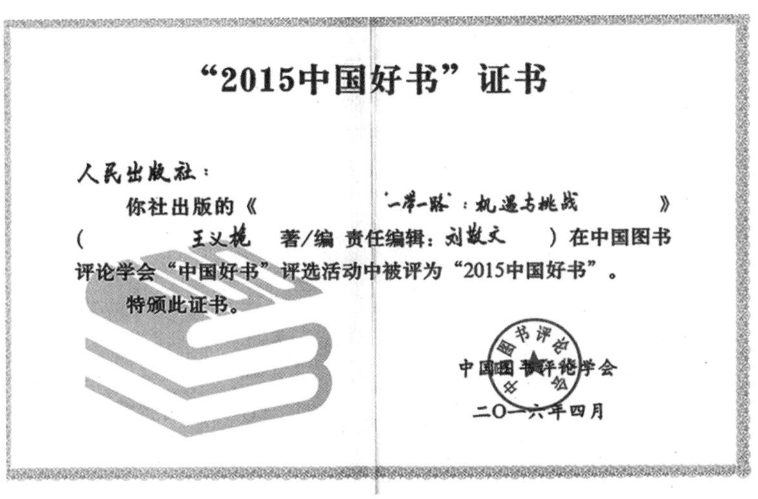

"2015中国好书"证书

人民出版社：

你社出版的《 一带一路：机遇与挑战 》（ 王义桅 著/编 责任编辑：刘敬文 ）在中国图书评论学会"中国好书"评选活动中被评为"2015中国好书"。

特颁此证书。

中国图书评论学会

二〇一六年四月

《"一带一路"：机遇与挑战》获中国图书评论学会“2015中国好书”

果可能事倍功半。作者自发的宣传，有时候操作远比出版社更容易，影响更大。王义桅教授在图书出版后，充分利用自己的资源，在讲座、会议、访谈、采访中宣传该书。比如在举办“一带一路”百人论坛时，王教授和举办方沟通，允许人民出版社到会场入口处展书。这种活动，让图书与目标读者直接面对面，减少了中间环节，既销售了图书，又取得了宣传效果。

恩格斯说，历史是这样创造的：最终的结果总是从许多单个的意志的相互冲突中产生出来的，而其中的每一个意志，又是由于许多特殊的生活条件，才成为它所成为的那样。这样就有无数互相交错的力量，有无数个力的平行四边形，由此就产生出一个合力，即历史的结果，而这个结果又可以看作一个作为整体的、不自觉地和不自主地起着作用的力量的产物。图书的出版其实也是这样，作者、编辑、校对、宣传、发行、读者等作出自己的贡献，最后才有一本书的成功。编辑就是要在这众多角色之中，找准自己的定位，发挥好主观能动性，让图书实现社会效益与经济效益。

04.

主题出版怎样讲好中国故事

——以《“一带一路”：机遇与挑战》为例

党的二十大提出，坚守中华文化立场，提炼展示中华文明的精神标识和文化精髓，加快构建中国话语和中国叙事体系，讲好中国故事、传播好中国声音，展现可信、可爱、可敬的中国形象。国家之间的竞争，不仅包括综合国力的竞争、硬实力的竞争，还包括软实力的竞争。中国日益走近世界舞台中央，中国与世界深度融合、相互激荡，讲好中国故事，传播好中国声音，向世界展现真实、立体、全面的中国，是宣传思想战线的重要使命任务。“落后就要挨打，贫穷就要挨饿，失语就要挨骂。”主题出版作为当前出版业重点发展的方向之一，理应在传播好中国声音方面大有作为。人民出版社出版的《“一带一路”：机遇与挑战》（王义桅著）一书，翻译成英、法、德、俄、韩、日、蒙古等十几种文字，在对外传播方面产生了一定的影响，对于怎样做好主题出版、向国际社会讲好中国故事，有一定的启发价值。

一、面向国际社会，解决主题出版要策划什么的问题

习近平总书记指出，“要深刻认识新形势下加强和改进国际传播工作的重要性和必要性，下大气力加强国际传播能力建设，形成同我国综合国力和国际地位相匹配的国际话语权，为我国改革发展稳定营

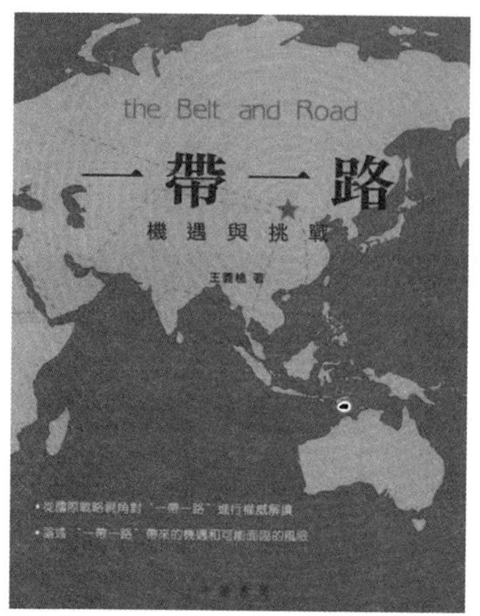

《“一带一路”：机遇与挑战》
香港中华书局中文繁体版(2016)

《王义桅讲“一带一路”故事》
(2018)

《“一带一路”：机遇与挑战》
五洲传播出版社阿拉伯语版
(2016)

《“一带一路”：机遇与挑战》
日文版，改名为《“一带一路”
详说》，日本侨报社(2017)

造有利外部舆论环境，为推动构建人类命运共同体作出积极贡献”。习近平总书记的讲话，对于我们做好主题出版具有指导意义。

中国与世界已经深度交融，你中有我、我中有你，中国的发展离不开世界，世界的发展离不开中国。主题出版已经难以脱离国际社会来讲中国故事。主题出版作为对外传播的一种手段，其本质是围绕中心，服务大局，讲好中国故事，传播好中国声音，增强相互理解，增进政治互信。我认为，当今主题出版对外传播的策划，应该有足够的自信，克服“有理不敢说、有故事不敢讲的胆怯”——主题出版图书的策划，坚持道路自信、理论自信、制度自信和文化自信，不能唯西方的理论、文化、制度等马首是瞻。2023 年 6 月，习近平总书记在北京出席文化传承发展座谈会并发表重要讲话时强调，在新的起点上继续推动文化繁荣、建设文化强国、建设中华民族现代文明，是我们在新时代新的文化使命。对外讲好中国故事，尤其要坚定文化自信，立足中华优秀传统文化和中华文明，提高国家文化软实力。应该有足够的高度——立足当今世界面临百年未有之大变局的新形势。没有高度，就难以在空间上将中国置于整个世界之中看问题，难以在时间上从全球权力转移的历史看我国崛起的作用。应该有鲜明的立场——围绕中国在全球治理中的地位和作用，阐述中国推动构建人类命运共同体的努力。没有鲜明的立场，就难以把讲政治放在第一位，就可能传播错误价值观，不但帮不了忙，还容易帮倒忙。应该有所着重——围绕党和国家的大政方针，尤其是一些热点问题，布局主题出版，做好顶层设计。一些热点问题，国际社会迫切需要了解，我们不主动对外进行交流研讨，外国人士很可能就产生误读。对外传播交流，要有轻重缓急，抓住重点难点。若区分不开轻重缓急，就不会有重点非重点之分，不会有系统规划，主题出版就很容易形成单打一，“眉毛胡子一把抓”，就不能在整个对外传播体系中发挥应有的作用。主题出版是整个对外传播体系的一部分，应该将主题出版纳入对外传播体系的顶层设计来谋划。

《“一带一路”：机遇与挑战》一书策划是在2014年底，距习近平总书记提出“一带一路”倡议已经有一年多。我当时认识到“一带一路”借用古代“丝绸之路”的历史符号，高举和平发展旗帜，主动发展与沿线国家的经济合作伙伴关系，一同打造政治互信、经济融合、文化包容的利益共同体、命运共同体和责任共同体。“一带一路”倡议的提出体现出中国发展到一定阶段后与世界的深度融合，对于中国对外开放、对于沿线国家的发展、对于世界经济的发展都具有重要意义。当时，国际社会对于中国提出该倡议的目的、内容、意义等尚未了解，杂音很多，如果中国学者不及早发声，国际社会上的一些错误解读，比如把“一带一路”错看作中国的“马歇尔计划”，错认为“一带一路”是非洲国家的债务陷阱，就可能占据主流地位。而中国舆论场上，我看到已经有很多新闻报道、专家文章、视频节目，但尚没有一本系统全面深入阐述“一带一路”的图书。图书相对于文章等，可以更加详细地展开论述，有深度和广度，这是主题出版的优势所在。因此，我与中国人民大学的王义桅教授联系沟通，双方一拍即合，敲定书名和提纲。王义桅教授在已有研究成果基础上，加班加点，利用寒假，3个月左右完成了书稿。该书出版后，不仅国内读者反响热烈，而且国际社会也积极关注，人民出版社输出的韩文、日文等版本，都由外方出版社主动要求翻译引进，并且支付作者稿酬。可以说，我们正在做什么，国际社会想要看到什么，国际社会有什么疑惑，这是主题出版策划中首先要深入思考的问题。这个问题想清楚了，也就能解决我们策划什么的问题。

二、用他者听得懂的语言讲好故事，解决主题出版怎么写的问题

面向国际市场的主题出版图书，写作的过程中，作者要始终想着目标读者是国外人士。在此基础上，要尽量用他们听得懂的语言来讲故事。国外读者的知识体系、文化背景、宗教信仰等与国内有差异，我们要正视这个差异的存在，在此基础上要做好“转化”。语言上要转化，把一些理论简化和通俗化，多用故事来例证，多用数据来说话，多用视频来增强情感共鸣；把一些中国话语体系内的话，用通俗易懂的语言和案例来转述；要正视中西方之间的文化差异、在重要问题上的分歧，在自我与他者之间寻找通约性。

这就意味着，主题出版的策划，要选择合适的作者。主题出版图书的作者，不仅要懂国内问题，也要懂国际问题；不但要了解中华文化，也要了解西方文化；不但要了解当前中国人在想什么，也要了解当前国外读者在想什么；不但要懂理论，也要有足够的实践经验；不但要有理论水平，也要有会讲故事的能力。《“一带一路”：机遇与挑战》一书作者王义桅，曾任中国驻欧盟使团外交官，当时担任中国人民大学国际关系学院教授，博士生导师，中国人民大学国际事务研究所所长、欧盟研究中心主任，重阳金融研究院、国家发展与战略研究院高级研究员，兼任中联部当代世界研究中心特约研究员，察哈尔学会、春秋发展战略研究院高级研究员。王义桅教授撰写了大量“一带一路”的文章，并且在国内国际多个场合宣讲“一带一路”，是非常合适的作者人选。他认为，讲好中国故事，尤其要注意改变两种状

况：一是有故事，没中国。讲好中国故事，首先要讲好中国，要在国际社会构建客观、全面、生动的中国观，任重道远。二是有中国，没故事。中国人讲中国，有时有中国但没故事，或者故事太有中国特色，缺乏通约性表达，难以引起国际共鸣。改变这两种状况，讲好中国故事，就要将中国、故事连贯为中国故事，通过中国故事讲世界故事，塑造世界的中国观。

《"一带一路"：机遇与挑战》一书写作过程中，既讲好习近平总书记提出的"一带一路"倡议的内容，也讲好"一带一路"与古丝绸之路的联系和区别；既讲好中国通过"一带一路"推动国际社会共同发展的实践路径，也讲好"一带一路"在经济发展理论、区域合作理论、全球化理论方面的创新之处；既讲好"一带一路"面临的全方位开放机遇、周边外交机遇、地区合作机遇、全球发展机遇，又讲好"一带一路"面临的地缘风险、安全风险、经济风险、道德风险、法律风险。不管是讲机遇还是讲风险，都不是空对空地讲，而是有一些具体的案例。这让读者读后觉得，这本书是有实际价值的，能帮助他们对"一带一路"有透彻的认识，从而对学习、工作、生活有所助益。全书的写作，王义桅力避语言枯燥，追求通俗化，用学术讲政治，追求入脑入心。全书读起来，感觉不是在说教，而是平易近人、娓娓道来，仿佛在与读者谈心谈话。该书出版后，读者认为该书说理透彻、故事具体、通俗易懂。

三、做好图书的宣传推广，解决主题出版怎样到达目标读者的问题

酒香也怕巷子深。主题出版要把社会效益放在第一位，做到

社会效益和经济效益相统一。主题出版类图书，必须改变书一出版就万事大吉的思想，切实做好图书的宣传推广。除在国内开发布会、刊发书讯书评等环节之外，对外出版方面也应采取有针对性的措施，比如参加北京国际书展展示；申请中华学术外译项目、“经典中国”国际出版工程翻译资助、“丝路书香”翻译工程项目、北京市提升出版业国际传播能力奖励扶持项目等；在国外开发布会，由作者与当地的专家学者、读者面对面交流；请国外专家学者撰写书评，刊发在国外媒体上；向国外出版社积极推荐相应书目，外方出版社若能引进出版，在国外市场上销售，将有利于扩大图书的国际影响力，有利于国际社会理解中国；等等。

《“一带一路”：机遇与挑战》一书出版后，人民出版社与人大重阳金融研究院、察哈尔学会分别召开了新书发布会或者读者见面会；《光明日报》等刊发了书讯；由人民出版社输出的版权主要有韩文、日文、中文繁体、蒙古文等 4 个版本；该书由新世界出版社出版了英文、法文、德文、西班牙文、俄文等版本。难能可贵的是，王义桅教授在国际社会上不断奔波，先后访问考察近百个国家，进行“一带一路”相关演讲，推动了国际社会对“一带一路”的理解与认同，同时在全球各地也扩大了该书的影响力。《“一带一路”：机遇与挑战》一书出版 3 年后，我与王义桅教授合作，将其在世界舞台上讲“一带一路”的稿子结集成书，这样就有了《王义桅讲“一带一路”故事》一书的出版发行。王义桅教授投身于讲“一带一路”故事的生动实践，为我们的国际传播作出了贡献，也与图书宣传推广形成了良性的互动，带来了多赢的局面。新时代，讲好中国故事，需要更多的学者提高讲故事的能力，走出国门，与其他国家的政要、学者、人民群众面对面交流。主题出版图书的策划者，应该着力培养作者讲好中国故事的意识和能力，与作者共同努力、风雨同舟、携手并进。

总之，新时代，主题出版要有讲好中国故事的意识，服务党和国家工作大局；主题出版要提高策划能力，选取国外急需了解的热点难点，推出优秀的出版物；选取合适的作者，着力提高作者讲好中国故事的理论水平、语言表达能力，与作者良性互动，做好主题出版的写作与宣传；图书作者要有意识地培养自己讲故事的能力，努力走出去，深入实际，深入群众，以心换心，传播好中国声音。

05.

为全球治理贡献中国力量

——《亚投行：全球治理的中国智慧》出版手记

《亚投行：全球治理的中国智慧》是一本由我策划的图书，主编是我的导师庞中英。庞中英是著名的国际问题专家，在全球治理领域有独到的见解，令我十分钦佩。记得我读本科正在准备考研时，在一些期刊上看到庞老师发表的文章，都是真知灼见，佩服得五体投地。当时想都不敢想，自己后来能顺利通过中国人民大学的硕士研究生考试，并拜入庞老师的门下，攻读硕士、博士。

亚投行是新时代中国发起成立的主要国际组织之一。为什么要策划《亚投行：全球治理的中国智慧》一书？先回顾一下亚投行成立的过程。

2013 年 4 月 7 日，习近平主席在博鳌亚洲论坛 2013 年年会讲话中提出："加快同周边国家的互联互通建设，积极探讨搭建地区性融资平台。"这是我国最早提出关于搭建地区性融资平台的构想。当年 10 月 2 日，习近平主席与时任印度尼西亚总统苏西洛在雅加达举行会谈时提出，为促进本地区互联互通建设和经济一体化进程，中方倡议筹建亚洲基础设施投资银行，愿向包括东盟国家在内的本地区发展中国家基础设施建设提供资金支持。这是我国第一次明确提出设立"亚洲基础设施投资银行"。2013 年 11 月，筹建亚投行进程正式启动。

2014 年 10 月 24 日，21 个亚投行首批意向创始成员国的财长和授权代表在北京人民大会堂签署了《筹建亚投行备忘录》。这标志着各方共同决定成立亚投行，并将加快推进亚投行法律协议的磋商进程。2015 年 6 月 29 日，亚投行 57 个意向创始成员国财长和授权代表在北京举行了《亚投行协定》签署仪式。2016 年 1 月 16—18 日，亚投行开业仪式暨理事会和董事会成立大会在北京举行。

《亚投行：全球治理的中国智慧》（2016）

亚投行成立过程虽然看起来顺风顺水，但它跟“一带一路”一样，引起了美国的高度警惕。在国际金融体系中，世界银行、国际货币基金组织、亚洲开发银行占据主导地位，这几个国际组织都是西方国家发挥着领导作用，甚至个别国家有“一票否决权”。在这个过程中，它们将金融权力高度政治化，在贷款等问题上附加政治条件，迫使发展中国家接受其经济自由化等政策或主张。在中国看来，中国领导的亚投行只聚焦于基础设施建设，帮助发展中国家发展经济，而世界银行和亚洲开发银行未能带来旨在改变亚洲落后地区的大型项目。也就是说，广大发展中国家在基础设施建设领域存在巨大的资金缺口，这是美西方国家无法满足的，中国要做的是补台，不是拆台，不是对美国霸权地位的挑战。

通过上面的简单介绍，我们可以看出亚投行成立的背景。我进入出版行业之后，始终关注国际形势的变化，围绕“一带一路”策划了

《“一带一路”：机遇与挑战》一书，同时也关注亚投行的每一步进展。在我看来，亚投行体现了中国崛起之后对国际社会承担的责任，亚洲基础设施建设领域存在的资金缺口是亚投行存在的客观条件，组织成立亚投行，正如庞中英老师所说，中国发挥了“非霸权的国际领导”作用。

记得当时我正在中国人民大学攻读博士，我是 2014 年 9 月进入中国人民大学国际关系学院攻读博士的。有一次，庞中英老师请我在学校食堂吃饭后，我们就在校园内散步，我向他提出了策划一本亚投行相关书籍的想法。在我看来，中国成立亚投行的意义非凡，作为主题出版的从业者，理应向国内社会和国际社会讲清楚中国为什么成立亚投行，亚投行成立之后是干什么的，将对国际社会作出什么样的贡献等问题，这有利于国外读者更加客观公正地认识亚投行，而不是将其看作一个挑战美国金融霸权的工具。对于我的提议，庞中英老师欣然应允，于是成立了由庞中英、卜永光、刘英等人组成的写作班子，由庞中英拟定框架，各个作者分头撰写，最后由庞中英进行统稿。

在《亚投行：全球治理的中国智慧》一书中，作者认为，对于亚投行，从概念的诞生到决策再到筹办的过程，一直在国际上被高度地政治化，成为全球聚焦的话题。随着西方主要大国加入亚投行，在亚投行成立前，中国赢得了围绕亚投行进行“金融外交”的第一回合。有人认为关于亚投行的国际争论就此可能告一段落，亚投行将回到本该就有的国际金融组织常态。然而，作者不认为关于亚投行的政治争论就此结束，正好相反，作者认为关于亚投行的政治争论才刚刚开始。亚投行从一诞生就是一个不是政治银行的政治银行。《亚投行：全球治理的中国智慧》对亚投行的方方面面及亚投行对世界秩序的影响进行探讨，彰显中国大国责任及对国际社会的贡献。亚投行是首个由亚洲发展中国家共同发起并主导的多边开发性金融机构，致力于亚洲区域基础设施建设和互联互通，促进区域经济一体化和区域经济繁荣。亚投行是中国提出的促进全球治理改革的一项重大倡议，体现了全球治理中的中国智慧。该书对亚投行是什么，为什么要成立亚投行，亚投行为什么引发关注，谁是成员国，美国、日本为什么没有加入亚投行，亚投行处在世界秩序转换的什么节点上，如何运作等问题作了深入浅出的探讨，是一部关于亚投行的通俗知识读本，对于党员干部、各界人士具有启发参考价值。

对于这本书的选题策划，我认为有以下几个特殊之处，需要我们注意。

第一，我们对热点的认识，要站在一定的高度。亚投行的热度，在当时绝对没有“一带一路”高，但亚投行作为一个中国主导成立的区域性国际金融组织，有其特殊的国内和国际意义。若不关心国内国际形势，不关心中国在国际体系中地位的变化，不关心中国为全球治理作出的贡献，不注意美国错认为中国挑战其霸权地位，我们就很难认识到亚投行的地位与作用。正是基于这一点，我认为讲清楚亚投行成立的背景、过程、意义等，对于国际社会了解中国，避免造成误解误读，非常有益，于是我就萌生了策划一本相关书籍的想法。可以看出，如果不是我对国际关系的熟悉和了解，是很难策划这么一本图书的。所以说，有时候不是没有热点，而是我们对热点的认识，能否上升到一定的高度。对于一些热点，我们要从人类历史的发展进步、国际格局的变迁、国家社会的发展变化、中西方对比、学术理论的进路等去思考探索，拨开历史的迷雾，才能找到好的选题点。

第二，在作者的选择上，学会顺水推舟，不要逆水行舟。这本书为什么选择庞中英作为主编？不是因为他是我的导师，举贤不避亲。庞老师是全球治理的顶尖级学者，在国际关系学界享有盛誉，且对亚投行有着独到的见解。我博士学位论文的题目就是《非霸权的国际领导：中国在全球治理中的作用——以亚投行为例的研究》，是在他指导下进行的。从中我们可以看出，庞中英老师敏锐的洞察力以及他关注的焦点。庞老师关注的焦点就是亚投行，这意味着邀请他策划一本亚投行的书，是投其所好，他一定感兴趣。如果作者对一个话题不感兴趣，没有触碰到他的兴奋点，你却非要跟他约个相关的稿子，肯定碰一鼻子灰。也就是说，图书策划，要学会顺水推舟，而不是逆水行舟，强人所难。你要策划的选题，与作者的兴奋点对上了，就能激发他的思考，他会乐意与你合作。否则的话，人家不愿意写，看在跟你感情的分上，或者看在多拿稿酬的分上，东拼西凑，拿出来的东西也没有什么价值。我一直认为，一个人只有与时代同行，才能把握时代的脉搏，自己的成长才有可能与时代的进步同频共振。图书策划亦是如此。

第三，选题策划中应该把社会效益放在第一位，坚持以社会效益为中心。在策划《亚投行：全球治理的中国智慧》一书时，我也思考过，这本书有没有市场？那种教我们投资理财的书，都是很有市场的，而亚投行成立的宗旨是促进亚洲区域的建设互联互通化和经济一体化进程，并且加强中国及其他亚洲国家和地区的合作，亚投行是首个由中国倡议设立的多边金融机构，谁会买这样的书看？我看过有关出版的专业书籍，讲选题策划要以市场为中心，或者以作者为中心。我认为，主题出版作为出版的一个细分领域，有自己的特殊性，选题策划必须以社会效益为中心。很多人认为主题出版很难挣到钱，但在我看来，主题出版只要对时代的热点痛点难点作出解答，就会有市场销量，不愁挣不到钱。另外，很多地方在经济上都对主题出版大力支持。

该书出版后产生了很好的社会效益，成为亚投行研究方面最早的一本学术著作，受到国内国际社会的欢迎。亚投行首任行长金立群和亚投行对外合作部对该书予以高度评价。该书入选 2017 年国家社会科学基金中华学术外译项目正式立项名单，并最终翻译成英文、韩文等语种，在国外出版发行，为讲好中国故事作出了贡献。该书在国际上产生了重要影响，美国著名智库布鲁金斯学会引用该书。

《亚投行：全球治理的中国智慧》英文版，2024 年由美国海恩公司（William S. Hein & Co., Inc.）和威尔斯公司［Wells Information Services Inc. (USA)］联合出版

2017 年入选中华学术外译项目的，很多是关注中国社会发展的特色选题，比如《新结构经济学：反思经济发展与政策的理论框架》（林毅夫著）、《二次开放：全球化十字路口的中国选择》(迟福林著)、《破解中国经济发展之谜》（蔡昉著）、《中国的和平发展道路》（张宇燕、冯维江著）等。

这本书还有一个让我欣慰的地方，就是我看到很多研究亚投行的文章，都参考过《亚投行：全球治

《全球治理的中国角色》
（2016）

理的中国智慧》一书。好的成果，“千磨万击还坚劲”，总会被社会所认可！在这本书之后，我还出版了庞老师的《全球治理的中国角色》，市场反响也很好。

第四，主题出版需要“弄潮儿”的精神。出版是需要精神的，比如服务奉献精神、专业精神、爱国精神、创新精神等。就主题出版来说，在出版精神的共性之下，要特别强调“弄潮儿”的创新精神。“弄潮儿向涛头立，手把红旗旗不湿。”这两句诗用白描手法，展现出搏击风浪中的英勇无畏、历尽艰险却化险为夷，以及弄潮儿的身手不凡，充满了豪迈之气，让人读了回肠荡气。我喜欢这两句诗，尤其重要的一点是“手把红旗”，这对于主题出版来说，“红旗”就是主题出版的意识形态属性或者政治属性，就是服务于党和国家工作大局，服务于国家和人民，服务于中国特色社会主义事业，服务于实现中华民族伟大复兴的中国梦。我在前面也谈过，时代需要什么，我们就策划什么。时代到底需要什么的问题，就是我们必须以弄潮儿精神深入思考的话题。没有时代的大发展大变革，没有改革开放以来中国经济实力的迅速增长，没有习近平总书记充满魄力的治国理政，就不可能有创办亚投行的壮举。亚投行的创办本身就是“弄潮儿”精神的缩影。主题出版必须“手把红旗”，发扬“弄潮儿”的精神，勇敢地承担起时代赋予的使命，才能为社会发展作出贡献。

总之，通过回顾这本书的选题策划，我希望主题出版从业者，时刻关注中国发展为国际社会作出的贡献，永葆弄潮儿的精神，阐释好中国的政策和主张，不辜负党和人民的重托。

06.

共产党人的政治灵魂

——《顶天立地谈信仰——原来党课可以这么上》出版手记

《顶天立地谈信仰——原来党课可以这么上》（徐川等著），是 2017 年人民出版社出版的图书。该书出版后，好评如潮，获中宣部第八届优秀通俗理论读物，入选中组部党员教育培训教材创新教

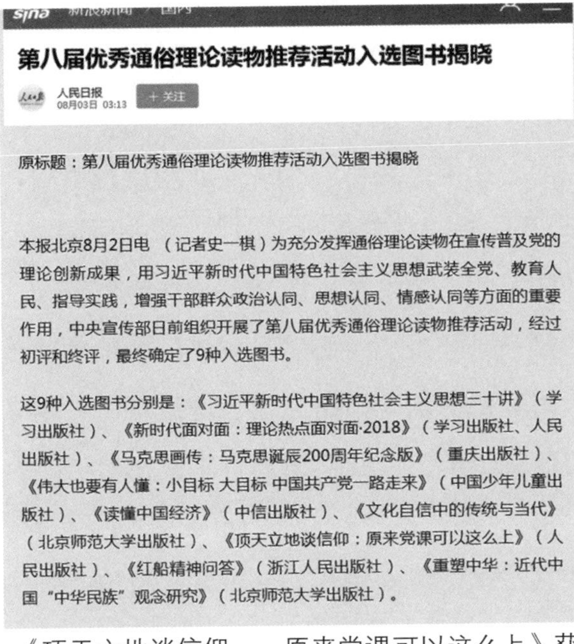

第八届优秀通俗理论读物推荐活动入选图书揭晓

人民日报 08月03日 03:13

原标题：第八届优秀通俗理论读物推荐活动入选图书揭晓

本报北京8月2日电 （记者史一棋）为充分发挥通俗理论读物在宣传普及党的理论创新成果，用习近平新时代中国特色社会主义思想武装全党、教育人民、指导实践，增强干部群众政治认同、思想认同、情感认同等方面的重要作用，中央宣传部日前组织开展了第八届优秀通俗理论读物推荐活动，经过初评和终评，最终确定了9种入选图书。

这9种入选图书分别是：《习近平新时代中国特色社会主义思想三十讲》（学习出版社）、《新时代面对面：理论热点面对面·2018》（学习出版社、人民出版社）、《马克思画传：马克思诞辰200周年纪念版》（重庆出版社）、《伟大也要有人懂：小目标 大目标 中国共产党一路走来》（中国少年儿童出版社）、《读懂中国经济》（中信出版社）、《文化自信中的传统与当代》（北京师范大学出版社）、《顶天立地谈信仰：原来党课可以这么上》（人民出版社）、《红船精神问答》（浙江人民出版社）、《重塑中华：近代中国“中华民族”观念研究》（北京师范大学出版社）。

《顶天立地谈信仰——原来党课可以这么上》获中宣部第八届优秀通俗理论读物

材，至今已经销售 21 万册。该书非常可读，取得了很好的社会效益和经济效益，可以说是主题出版中具有代表性的案例。从 2011 年研究生毕业，到如今，我从事编辑工作已有 14 年。作为《顶天立地谈信仰——原来党课可以这么上》一书的责编，在此对这本书的出版经验进行总结。

一、写什么：选题策划要满足社会需求

"文章合为时而著，歌诗合为事而作。"选题策划一定要以社会需求为根本着眼点。没有社会需求的图书，即使装帧设计再精美，编校质量再高，也难以达到传播知识、文化传承的目的。在具体的编辑工作中，年轻编辑大多能认识到选题策划时社会需求的重要性，但往往捕捉不到社会需求。他们大多坐在办公室里，拍脑门地判断社会需求，这种"想当然"的方式策划出来的选题，很容易与真实的社会需求脱节。

判断社会需求，必须以自己的相关专业知识为指导，围绕选定的主题，做好调查研究。在具体的编辑工作中，第一种调查研究的方式，是时刻关注党和国家的大事件或新政策。这些新生事物，市场上缺乏相关解读图，若第一时间推出，必然受到热捧，销量自然也会不错。比如党的十九大将文化自信与道路自信、理论自信、制度自信并列，作为"第四个自信"，那么，我们策划一本文化自信的相关图书，就是不错的选择。第二种方式是线上调查研究，比如看看报纸的文章，微信公众号哪些文章浏览量比较大，读者留言讨论比较多，等等。网意就是民意，网友的注意力集中在哪里，说明哪里就存在很大的空白点。第三种方式是线下调查研究，比如去书店查阅与要策划的选题相关的

图书，调阅销售数据，看看哪类图书卖得比较好，在此基础上寻找市场空白点。

《顶天立地谈信仰——原来党课可以这么上》一书，源起于人民出版社辛广伟总编辑上网时浏览到徐川的文章《我为什么入党》，该文十分火爆，各大网站和公众号纷纷转载。他觉得徐川有想法、文笔非常好、会讲故事，就安排我去联系作者，看能否就这篇文章，做成一本书。我当时没有找到徐川的联系方式，别无他法，就到“南航徐川”公众号下面给他留言，当时根本没抱什么希望。但没想到的是，徐川看到留言后加了我微信，我们俩这样建立起了联系。他开始有点犹豫，觉得那篇文章虽然大受欢迎，但能否成书，仍需要探讨。看我非常热情地坚持，于是我们就这个问题进行了讨论。最终决定把怎么讲好党课中的信仰问题作为主题，组织队伍写作一本通俗读物。

《顶天立地谈信仰——原来党课可以这么上》（2017）

我们是一个有着 9800 多万名党员的大党[①]。革命先烈抛头颅、洒热血，他们不是为了当高官、发大财，朱德入党前已经是旧军阀中的旅长，彭湃家里的地乌鸦都飞不到头，毛泽东上井冈山当“山大王”前也在国民党中当过高官。是对共产主义的信仰，让他们选择了为人

① 党的一大召开时，全国只有 50 多名党员。截至 2024 年底，党员总数为 10027.1 万名，党的基层组织 525.0 万个。——编者注。

民翻身做主人而奋斗。习近平总书记强调："对马克思主义的信仰，对社会主义和共产主义的信念，是共产党人的政治灵魂，是共产党人经受住各种考验的精神支柱。""人民有信仰，国家有力量，民族有希望。要提高人民思想觉悟、道德水准、文明素养，提高全社会文明程度。广泛开展理想信念教育，深化中国特色社会主义和中国梦宣传教育，弘扬民族精神和时代精神，加强爱国主义、集体主义、社会主义教育，引导人们树立正确的历史观、民族观、国家观、文化观。"可以说，习近平总书记反复强调信仰问题，是因为现实中一些党员干部已经忘记了初心使命，在信仰问题上存在动摇。所以，我们选择以信仰为主题，策划图书，切合了新时代党员干部的需求。

二、怎么写：对于主题出版类图书，可读性非常重要

主题出版类图书，多是对党和国家大政方针、国家重大活动节日庆典等进行解读分析，以服务党和国家大局，具有很强的政治属性、公益属性。但图书本身作为商品，具有经济属性。这两种属性之间存在一定的张力。当前，这类图书存在的主要问题，就是内容缺乏可读性，经常用文件语言来分析解读文件，内容枯燥，很难走进读者心里，起到应有的宣传作用。对于一本主题出版图书，如果把思想性、理论性比作灵魂，那么，语言风格基础上的可读性，就是书的血肉。没有血肉，灵魂就没有了依附；肌肉发达了，整个人才能走得更远。

《顶天立地谈信仰——原来党课可以这么上》一书，作者徐川在写作过程中，将理论通过文学语言、案例等通俗化、生动化。语言的

《多维视角下的党代会》
（2018）

通俗不仅体现在语言要不拗口，让读者读起来不费劲，感觉书不难啃，而且要读起来有滋有味，爱不释手，像读小说名著一样，要一口气读下来。语言的通俗还要考虑到读者群体的特点，有针对性地使用特定群体听得懂、喜欢听的语言。说起来简单，但实际上做起来很不容易。主题出版类的理论读物，作者多是高校的理论工作者，对党和国家政策研究得很透彻，有很深的理论功底，但大多有一个缺点，就是没有专职作家那样的文笔，不如他们会讲故事；有时候囿于自己的专业素养和语言习惯，很难站在读者的角度考虑写作，而是单方面地输出。更甚的是，有的作者从骨子里瞧不上通俗读物，觉得不写出大部头的学术著作，体现不出自己的水准。徐川时刻站在读者的角度，将理论的深度与语言的通俗生动恰如其分地结合起来。我跟他开玩笑说，你要是不当理论工作者，而是当作家的话，也是一位优秀的作家。

《顶天立地谈信仰》一书的写作，大量使用青年人听得懂、听着有意思的语言，比如流行网络用语，幽默诙谐的语言和通俗易懂的内容贯穿始终，洋溢着极富青春活力的时代气息，引来无数青年人捧读。[①] 比如，把中国共产党比喻为“史上最牛的创业团队”；“马克思已经不是 plan B（备选方案）”；“hold 得住的共产主义信仰”；

① 杨克功、李琳：《用真情点燃信仰之火——读〈顶天立地谈信仰〉有感》，载中国军网，2021 年 2 月 23 日。

“甚至连一生的对手和死敌都将他奉为内心深处的 No.1”；如果早年的马克思也“拼爹”的话，他还真有资本，再往上“拼爷爷”的话也有条件。

所以说，选对了题目之后，选取合适的作者非常重要。我们选取作者的时候，要特别注意其写作风格，必须读一读他写的文章或图书，体会一下是否有意思，是否有文采，是否会讲故事，是否有丰富的知识含量和想象力。徐川谈起《顶天立地谈信仰》一书，是这样讲的：“书写出来是要给人读、给人看的。所以最好能通俗易懂，最好能看得进去，最好能入眼入脑入心。如果只是束之高阁的高头讲章和阳春白雪，真不需要我们添砖加瓦。我们不想浪费大家的时间，也不想浪费物力财力人力。我们希望最好能有这么一本书，让我们的教师们能作为手边的参考，让青年朋友们能够看得进去几页。”

一本优秀的通俗理论读物，读起来必然不是味同嚼蜡，而是润物无声，捧起来不想放下，津津有味。它们呈现的效果，应该类似好的文学作品，这样才能得到读者的喜爱，也能达到社会效益和经济效益的相统一。

三、怎么编辑：保证图书的质量

一本书稿交到编辑手里，对于编辑来说，不应只将其作为一个工作任务，而应该将其看作践行一项光荣而艰巨的使命。编辑作为文化生产的一个环节，不能简单地把自己理解为“为他人作嫁衣”，而是要有代入感，有责任感，有光荣使命感。唯有如此，编辑才能与作者责任共担、风险共担，共同完成一本书的出版工作。

有了责任感之后，编辑就要加强对党和国家路线方针政策、学术专业知识、编辑方法技巧、语言文字的学习，提高自己的业务能力和水平。一般认为编辑属于杂家，我认为有一定的道理。但编辑首先要对自己的专业精通，也就是努力成为“学者型编辑”，然后向外拓展，可以用“一专多长”来形容编辑的知识结构。比如我觉得自己是国际政治经济学专业博士，从本科到博士，学习国际政治有10多年，对这方面非常熟悉。工作之后，因为工作的关系，对马克思主义、毛泽东思想、邓小平理论、“三个代表”重要思想、科学发展观、习近平新时代中国特色社会主义思想以及党史、国史、改革开放史、社会主义发展史等也有所涉猎，这就成为我工作的主要内容。

在编辑书稿的过程中，要有严谨细致的工作态度，要肯下苦功夫，敢于把铁杵磨成针，碰到不熟悉的地方一定要多方查证核实。有一次我和单三娅老师聊天的时候，她说：“编辑一定不要把自己不知道的呈现给读者。”我觉得她这个观点很有见地，这应该是做编辑工作的底线。字、词、时间、地点、人物、理论，等等，编辑要能拿得准，否则就要去核实。周振甫编辑钱钟书的《谈艺录》《管锥编》的严谨细致值得我们学习。在编辑《谈艺录》时，周振甫核对原文，为每篇标立目次，与作者商量怎么修改。当钱钟书要出版《管锥编》时，他首先想到了周振甫。有同事这样写道：“翻阅当初周先生编《管锥编》的第二次审稿意见，四十余页稿纸用细棉线装起来，蝇头小字细密而齐整，审稿边眉四处注满钱先生的笔迹，有表示异议的，有表赞同的‘遵改’‘甚是’‘甚善’‘是极’‘雅言’之类的词句，有‘精密极矣！非谓之大鸣不可……’之类的赞叹之辞。”

当我拿到《顶天立地谈信仰》一书的排版稿后，先对整个框架结构进行审视，然后进行了逐字逐句的编辑加工，对标点符号、文字语法、段落结构、知识性错误等予以关注。尤其是对于时政类读物而言，涉及党和国家领导人的讲话，党章、宪法等文件，都通过网络或书籍进行了逐字的核对。这涉及时政类政治图书的严肃性，不能有一点马虎。主题出版的严肃性，是需要特别强调的。我们必须做到，关键的地方不能有一丁点的错。编辑审读书稿的过程中，要保证这种严肃性的实现，不可按照万分之一的可控差错标准来衡量。另外，《顶天立地谈信仰》这个书稿我从头到尾认认真真地读了两遍，有的时候读着读着就笑了，感叹作者的睿智，感叹作者的文采。

在日常工作中，我发现个别编辑，对书稿改动后不给作者审阅，直接拿去排版、校对，然后出版。这是一个很不好的习惯：其一，编辑若改动错了，很容易导致最终出版的图书出现差错；其二，作者不知道编辑具体做了什么工作，一头雾水。我的建议是，当书稿初审、复审、终审完成之后，要将花脸稿返给作者，请作者敲定一些地方要不要修改；在后面的校对环节，一些地方要不要修改，也要请作者拿主意。做编辑切记不要自负，因各种原因改错的情况，是时有出现的。编辑把花脸稿给作者审阅的好处，还有一点，就是作者能看到自己写作中犯的错误，能看到编辑付出的心血，从而对编辑产生一种敬意或者感激之情，这有利于后续的长期合作。

四、怎么出圈：做好图书的宣传推广、修订等

图书的宣传推广，有利于读者方便快捷地把握图书的主要内容和特色。在如今信息爆炸的社会中，如何吸引读者的注意力，是图书编辑要研究的问题。埋头于书稿的文字而忽视或看不起图书营销，认为酒香不怕巷子深，就犯了主观主义错误，偏离了社会发展实际。

这里不是说文字编辑不重要，相反，文字编辑能力是一个编辑的基本功，如果编辑连文字加工都做不好，是很难成为一位合格甚至优秀的编辑的。年轻编辑入行之后，提高加工文稿水平，是处于第一位的要务。

《顶天立地谈信仰》一书，作者徐川请了书法家孙晓云（现任中国书法家协会主席）题写书名，这非常不容易；我们 2023 年出版的同为徐川著的图书《问答青春》，孙晓云主席也为其题写了书名。我将《顶天立地谈信仰》书稿编辑排版之后，请吉林大学孙正聿教授、中国人民大学马克思主义学院院长郝立新教授、中共中央党校（国家行政学院）辛鸣教授、中国社会科学院程恩富教授写了推荐语，我们将其印在了封底上。当前很流行的是，书印出来后进行塑封。推荐语印在封底，读者在书店不用拆塑封，就可以了解到书的特色，有利于书的宣传和销售。而推荐语印在扉页上，读者不拆塑封就看不到推荐语，很不方便。辛鸣还撰写了《马克思进入青年人的心——评〈顶天立地谈信仰——原来党课可以这么上〉》[①] 的书评，发表在 2018 年 8 月 16 日的《光明日报》上。

在传统的书评等手段之外，我们也利用微信公众号、网站等对图书进行了宣传。比如徐川自己的微信公众号“南航徐川”，专门为此书发文，很多粉丝争相购买；还通过微信公众号举行了赠书活动。他在受邀为某些高校讲课时，也会推荐该书给听课的学生。我想多说几句的是，在当前抖音、微信公众号等自媒体飞速发展的情况下，很多人看视频、刷朋友圈已经成为生活的一种方式，图书的宣传必须与时俱进，与直播带货等结合起来。出版在时代变迁中既要坚守做好书的

① 辛鸣：《马克思进入青年人的心——评〈顶天立地谈信仰——原来党课可以这么上〉》，载《光明日报》2018 年 8 月 16 日。

初心，不该变的坚决不变，保持不变的东西，该变的也要随着时代的变化而变化。

主题出版类图书，内容涉及时政问题，随着形势的发展变化，一些表述很容易过时，比如我们的党员人数，过一段时间就更新一次，最新的党员人数已经是 10027.1 万名。这就要求我们必须对内容进行更新。《顶天立地谈信仰——原来党课可以这么上》一书出版后，我们进行了两次内容修订，第一次是党的十九大召开之后，第二次是党的二十大召开之后。改革开放以来的中国共产党历次全国代表大会，是时代发展与进步的缩影，其提出的要求是需要党员干部认真贯彻实施的。我们根据新通过的党章、党的十九大报告、党的二十大报告以及党和国家的理论发展、政策变化等，对内容进行了修改、丰富和完善。这样，读者在阅读的时候，能了解把握时代的脉搏，提高自己的理论修养。今天看来，虽然该书已经出版了五六年，但通过这种方式，该书并没有被扔进垃圾堆里，仍然受到广大青年读者的欢迎和喜爱，每年销售 2 万册左右，成为名副其实的常销书。经典时政类读物的打造不是一锤子买卖，需要久久为功地精雕细琢，追求极致。

07.

关心我国海军发展、海洋强国建设

——“大国海洋战略译丛”出版手记

“大国海洋战略译丛”是我策划的一套翻译图书。现已出版了 8 本，包括《英国海上主导权的兴衰》《美国海权百年：1890—1990 年的美国海军》《亚洲海洋战略》《印度二十一世纪海军战略》《“兴风作浪”：政治、宣传与日本帝国海军的崛起 (1868—1922)》《奢侈舰队：德意志帝国海军（1888—1918）》《战后日本的海权：帝国遗产、战时经验与海军发展》《世界大战的海军战略》，还有 2 本书待出。这套图书，为政府、学者以及所有关心我国海军发展、海洋强国建设的读者，提供了学习研究的参考。

一、策划缘起

说起这本书的策划，得先说一下我读书时所学的专业。

读书时所学的知识、所看的书，是编辑工作起步的垫脚石，也是最基本的家底。我本科 4 年，在辽宁大学国际关系学院读的是国际政治专业；硕士 2 年，在中国人民大学国际关系学院读的也是国际政治专业。我于 2011 年硕士研究生毕业后，进入出版社工作。在读书的时候，我对出版社的编辑工作可以说一问三不知，“茫如坠烟雾”。

工作之后，需要策划图书的时候，摆在我面前的难题，就是我要策划什么的困惑。在重要节点上，不管对于国家还是个人，“向何处去”经常成为焦虑的源头。我读了 6 年的国际政治专业，在这个过程中有了一定的专业素养，对国际问题产生了浓厚的兴趣，很多国际关系名著都阅读过。我关心中国的海军发展，盼望中国有一支强大的军事力量，尤其盼望我们能拥有强大的海军、先进的空军。中国近代历史上，西方列强对我国的侵略，主要是从海上来的。第一次鸦片战争中，英国海军少将懿律与驻华商务监督义律率领的英国舰船 40 余艘及士兵 4000 人的机动舰队从印度出发到达中国海面，陆续抵达广东珠江口外，封锁海口，这也标志着中英第一次鸦片战争的开始。鸦片战争的失败，标志着中国开始沦为半殖民地半封建社会。第二次鸦片战争、中日甲午战争、八国联军侵华等，都告诉我们，没有强大的海军，后果是很严重的。尤其是甲午海战的失败，使中国在半殖民地半封建社会的深渊中继续沉沦，是近代中国历史的一个重要转折点。改革开放后，我国逐渐融入世界经济体系，若没有强大的海军保护我们的海外利益，就很容易受制于人；若没有强大的海军，一旦战争爆发，他国封锁马六甲海峡等，我国对外贸易的海上通道就会被切断，就会给我国经济带来不可估量的消极影响。

马克思说过：问题就是时代的口号。毛泽东同志曾经对陈毅说，脑子里要经常装几个问题，留心观察，注意研究，不可懈怠。习近平总书记要求领导干部要“敢于和善于分析回答现实生活中和群众思想上迫切需要解决的问题”。显然，如何建设一支满足国家利益需求的强大海军，已经摆在了我们的面前。我跟很多学者一样，认为我国军事力量的发展必须解决海权问题，我特别关心中国海军的发展，也重视研读地缘政治方面的著作。我对马汉的《海权论》非常熟悉。当时市面上，马汉的《海权论》已经是畅销书。因此，我就打算从自己熟悉的领域做起，策划海权方面的相关图书。我想到了中国人民大学国际关系学院的吴征宇老师。他是地缘政治方面的研究专家，知名的国际关系学者。我读书的时候，他给我们讲过课，受益匪浅。我能感受到他深厚的理论修养和独特见解，以及他做学问上的严谨细致。说干就干，我主动联系吴老师。我记得和他见面，是在他家附近的小饭馆里。我们聊得很投机。我们觉得，马汉的相关图书，已经翻译出版得很多了，但关于各个国家的海洋战略，市场上相关图书还很少，属于空白点；我国海军的发展，有必要参考其他国家海军发展的经验与做法。现在回想起来，这也体现出我们对历史研究的重视。国际关系史中大国竞争，纵横捭阖，尤其是陆权与海权之间的较量，对我们有莫大的教益。英国能成为“日不落帝国”，建立起全球霸权，一支强大的海军发挥了重要作用。1588 年 8 月，英国打败了西班牙的无敌舰队，开始取代西班牙的全球霸主地位。法国大革命唤起了民族主义情结，拿破仑建立起法兰西第一帝国，法国实行大陆封锁政策，这是法国陆权与英国海权之间的较量。第一次世界大战后，美国就取代英国成了最强大的海权国家。“二战”中，日本偷袭美国的珍珠港，之后美国向日本宣战，美国和日本进行了中途岛海战等，为世界反法西斯同盟最终打败日本帝国主义奠定了基础。“二战”结束后，美国取代英国在资本主义世界的霸权地位，与苏联形成两极格局，以美国为首建立了北约，以苏联为首建立了华约，两者之间的角逐也可以从陆权与海权的竞争角度理解把握。

二、引进图书的选择

在确定系列图书的主题后，就涉及具体引进哪些图书。国外的图书可以说浩如烟海，如果没有一定的学术功底，对相关问题没有深入的研究，单凭在亚马逊上搜一搜新书，看看内容简介，就很难成功引进合适的图书。这套“大国海洋战略译丛”得以成形，很大程度上受益于吴征宇老师长期研究形成的深厚功底，他对海权方面的相关图书，如数家珍、信手拈来。译者或编者推荐，出版社进行评估，是引进图书比较可行的途径。这意味着，编辑首先要承认自己的不足，保持谦虚谨慎的态度。当然，编辑要争取做“学者型编辑”，成为某方面研究的行家里手，这样即使译者或编者不推荐图书，编辑也能主动出击，寻找适合引进的图书，这应该是我们努力奋斗的方向。这条路注定不会平坦，因为编辑工作中有很多是事务性的，经常忙得团团转，跟大学老师比起来，可资利用的研究时间少。在成为资深的“学者型编辑”之前，要学会对于别人推荐的图书进行评估——从政治性、学术性、可读性等方面做出判断。在战争中学习战争，在游泳中学习游泳，在编辑过程中学习做编辑，是我们年轻人要勇于进行的社会实践。

比如，《英国海上主导权的兴衰》一书的作者保罗·肯尼迪，是耶鲁大学迪尔沃思讲席教授、国际安全研究项目主任，几十年来最负盛名的国际关系史和战略史学家。在中国图书市场上，读者对其名著《大国的兴衰》不会陌生。该书出版于 1987 年，其随后的影响至今仍令很多人惊叹不已，很多国际关系专业的学生或者国际政治爱好者都读过这本书。《大国的兴衰》全书共分上下两册，对公元 1500 年以后各国的军事和经济地位作了综合比较，内容涉及军事与国力、经济发展周期等诸多理论问题，是一部以全球性眼光综合分析诸大国国力此消彼长的著作，为那些渴望了解各大国经济、军事等国力对比不断变化趋势的当代读者，提供了大量翔实的资料。《英国海上主导权的兴衰》是保罗·肯尼迪早期的作品，知名度赶不上《大国的兴衰》一书，但其价值在于，是自 1890 年马汉的经典著作《海权对历史的影响》问世以来，详尽地思考英国海权历史的首次尝试。不同于马汉主要从军事角度考察英国的海权及其历史作用，保罗·肯尼迪以更加宏观的视角、更为翔实的资料，从国内、国际、经济、政治和战略等多个方面全面分析了海洋霸主大英帝国兴衰的原因，揭示了英国海军崛起和衰落与英国经济之间密不可分的联系；也不同于马汉对于海权的宣扬和强调，作者更为理性地看待海权，在肯定海权历史作用的同时，强调海权的限度：“海权决定历史”只局限于 16 世纪初至 19 世纪末的“哥伦布时代”，随着技术进步以及洲级大陆的工业化，海权逐步让位于陆权，甚至在所谓的“哥伦布时代”，海权的影响也具有一些非常自然的限度，而英国历任政府并非仅仅依靠海洋方式，而是通过明智地结合海权和陆权，才使英国崛起成为首要的世界大国。总体而言，本书具有宏大的历史视野和深邃的哲理思考，堪称《大国的兴衰》的肇始和浓缩。在吴征宇老师的推荐下，我们决定首先引进出版该书。该书引进版出版于 2014 年 10 月，距我 2011 年 7 月入职出版社，才 3 年多，因此，出版时我还是有很大成就感的。

三、选择译者、翻译、编辑时的注意事项

“大国海洋战略译丛”选择译者时，一是考虑是否有一定的学术水平。译者有一定的学术水平，接受过严格的专业训练，就能系统把

握全书的理论逻辑和框架结构，对于一些专业术语也能翻译准确。二是考虑是否具有较好的外语水平。国际关系专业的学者，一般外语水平不错，但也要看其翻译的语言能否做到“信”“达”“雅”。若翻译出来的文本语言晦涩难懂，那么，即使学术水平很高，也不适合担任译者。另外，若一个译者本科是某个外语专业，硕博是国际关系专业，那他就很可能既懂翻译，也能在学术上把关，适合翻译图书。三是考虑是否具有深厚的文字功底。“信”“达”“雅”，是由我国清末新兴启蒙思想家严复提出的，是翻译要达到的理想状态。他在《天演论》的“译例言”中讲道：“译事三难：信、达、雅。求其信，已大难矣！顾信矣，不达，虽译，犹不译也，则达尚焉。”“信”指意义不悖原文，即译文要准确，不偏离，不遗漏，也不要随意增减意思；“达”指不拘泥于原文形式，译文通顺明白；“雅”则指译文时选用的词语要得体，追求文章本身的古雅，简明优雅。对于“大国海洋战略译丛”图书的翻译工作，我认为，在保证忠实原文、通顺明白的前提下，要追求译文的生动可读，追求“雅”。当然，也必须认识到，学术类著作的“雅”，只可尽力而为，不可强求，否则过于文学化、口语化的语言，会淡化著作的学术色彩，弄得不伦不类。

翻译书稿时，“大国海洋战略译丛”尤其关注政治倾向性问题。引进图书的作者，与国内的作者相比，文化背景、宗教信仰、学术体系、政治观点等，大多具有明显的差异性。甚至有些国外学者，把反华当成生意，为了获得选票恶意对我进行抹黑、妖魔化。这就意味着，我们不但要关注书稿的学术水平，而且要关注作者的政治倾向。外国作者若敌视我国社会主义制度、中国共产党的领导，很容易在图书中传播西方所谓的“普世价值观”，宣传三权分立、宪政民主、公民社会、西方新闻自由观等，丑化中国共产党，丑化中国人民，等等。这就是我们平常说的夹私货。有个别作者，对日本法西斯、德国法西斯等持同情的态度，甚至在书稿中认为对法西斯的批判属于“诋毁”。我们要时刻保持警惕，擦亮眼睛，做到思想清醒。我们发现这种问题时，不可随意处置，而是要与外方或作者进行沟通，协商解决，迫不得已时可以选择退稿。

在书稿的具体编辑过程中，我采用的方法是英语原文和中文译稿比照着阅读，以防止作者翻译的书稿不能忠实于原文，出现错译、漏译、多译。这个过程可以说是非常辛苦的，比编辑中国学者写的书稿，要多花费两到三倍的精力。很多年轻编辑不愿意做翻译书，就是因为需要付出的太多。但这个过程对个人专业水平、英语水平的提高，是非常有益的。

十多年的编辑经验告诉我，即使是鼎鼎大名的学者，也有可能出现翻译错误。这提醒我们，编辑既要谦虚谨慎，也要敢于质疑，始终坚持实事求是，有疑问就主动跟作者沟通，切不可觉得丢了脸面，或者觉得比较麻烦、不愿意多操心，从而造成书稿中出现明显的硬伤。很多大学者，都平易近人，他们对于编辑的提问，总是持友好的态度，从学术的角度给予回答。若我们提出的疑问合理，他们会对我们的付出表示感谢。这也能体现出我们编辑的水平，有利于与作者建立友好的情谊。编辑工作需要耐心和精细，用慢工出细活来形容编辑工作，是非常贴切的。编辑是出版社和作者之间的桥梁，编辑与作者进行及时的沟通、积极的讨论，能对工作起到润滑作用，提高图书的质量。

另外，编辑书稿的过程中，尤其要重视一些人名、地名、专业术语的翻译，一是容易翻译错，二是经常出现前后不一致的问题。书稿

《美国海权百年：1890—1990年的美国海军》（吴征宇译，2014）

《亚洲海洋战略》（鞠海龙、吴艳译，2014）

《英国海上主导权的兴衰》（沈志雄译，2014）

《“兴风作浪”：政治、宣传与日本帝国海军的崛起(1868—1922)》（刘旭东译，2016）

《印度二十一世纪海军战略》（鞠海龙译，2016）

《世界大战的海军战略》（刘晋译，2020）

《奢侈舰队：德意志帝国海军（1888—1918）》（时殷弘译，2021）

《战后日本的海权：帝国遗产、战时经验与海军发展》（刘旭东译，2023）

中要重视统一。把蒋介石翻译成常凯申等低级错误，是我们要提防的。有时候我们会碰到，一些中国知名的学者，在引进图书的原书稿中，以拼音的形式呈现，若译者不了解学术圈，就很容易翻译成别的同音字，读者看后不知所云。这种低级错误会给图书和出版社的声誉和形象带来负面的影响，对一名编辑的职业生涯也是非常有害的。

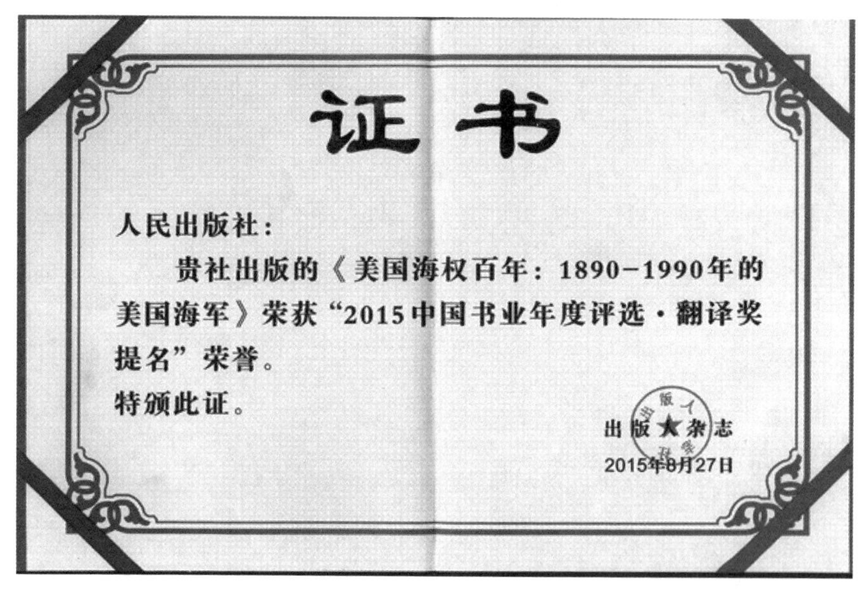

证书

人民出版社：

贵社出版的《美国海权百年：1890－1990年的美国海军》荣获“2015中国书业年度评选·翻译奖提名”荣誉。

特颁此证。

出版人杂志

2015年8月27日

《美国海权百年：1890—1990 年的美国海军》获“2015 中国书业年度评选·翻译奖提名”荣誉

对于书稿中一些冷僻的知识点或普通读者不易理解的术语，要建议译者加注，以方便读者阅读。对于书稿中的图表，能译则译。图表的存在让图书变得活泼，很多读者翻开一本书，首先是看图表。所以，要提高对图表翻译的重视程度。

四、翻译图书算不算主题出版？

主题出版要有聚焦主线、服务大局的自觉，我认为这是主题出版的一个必要条件。目前，主题出版的表现领域和形式也在不断丰富，呈现出多样化。我在策划这套丛书的时候，只是觉得将其出版具有非常高的价值，并没有考虑到其与主题出版的关系问题。但现在回头来看，我不禁有个疑问——这些国外出版图书的引进版，算不算主题出版？这些图书的原版，在创作的过程中，显然不会想到服务我们国家的主题、服务我们国家的大局，为中国政府出谋划策。他们多是对学术感兴趣，或者为其所在的国家服务，或者为个人的利益得失。我认为，原版是一回事，而引进出版则是另一回事。引进出版是对原来图书的再加工、再创造，体现出编辑、译者的眼光、思想和创意，体现出出版社的发展战略等。“大国海洋战略译丛”，虽然每本书都是国外作者撰写的，但具体的引进行为，是针对我国海权问题，为满足党和国家的需要，为学者的研究提供参考，为普通读者增加海权知识、增强国防意识服务。因此，这套丛书，也应该算主题出版。若能满足党和国家工作大局，不管是译著还是专著，只要产生了良好的社会效益，都应该算作主题出版。这也提醒我们，主题出版不可拘泥于形式，而是要坚持发散思维，广开门路，努力创新。我们要紧扣时代脉搏，与时代同呼吸共命运，把握时代的需求，以图书为基本的载体，创新方式方法，在对时代的深刻理解和创新发展中做好主题出版。

五、做套书有利于提高图书的影响力

对于做套书，很多刚入行的编辑，都有畏难心理。一套书动辄五六本甚至十多本、几十本，定价几百块钱、几千块钱甚至几万块钱，让人觉得做套书是一件高不可攀的事情。不积跬步，无以至千里。做编辑只要脚踏实地，坚持系统思维，做好规划，即使是套书，

也能做得得心应手。我们必须从心理上消除畏惧，才能从容地面对套书出版。

套书的出版，在哲学上体现的是整体与部分的辩证关系。套书作为整体存在，依赖于一本本图书，没有一本本图书，就不会有套书的整体；套书一旦形成整体，就会具有单本图书所不具有的功能。套书是一系列图书的排列组合。排列组合也是一种创新。作为套书，是把散落的作品汇集在一起，这个排列组合的过程，体现出编辑的鲜明意图。显然，很多时候，一本图书，只解决一个问题或者解决问题有限，而一套图书，则可以让读者对很多问题有系统的认识。在这个过程中，就会产生一加一大于二的效果。一套书作为整体进行宣传，也比一本一本地宣传节省成本。另外，每本书都在为套书做广告，读者阅读一本书，若获得了舒心的阅读体验，就会对这套书萌生兴趣，从而购买其他图书。我们策划图书，也要有出版套书的意识。

我们会发现，套书有两种情况，一种是一个作者写的若干本书，形成一套书；另一种是若干不同作者写的书，合并起来形成一套书。前一种情况提醒我们，作者是出版社的资源和财富，要学会对其深入挖掘，有系列图书的策划出版意识，要“以作者为中心”进行挖掘；后一种情况提醒我们，要“以主题为中心”进行选题策划，围绕某个主题深入拓展，形成规模效应。

套书相对于单本图书来说，必须注重规划，“凡事预则立，不预则废”；一本书一旦作为套书的一部分，并不能因此对图书的质量有所降低，而是对每一本书要求更高，因为这关系到整套书的形象构建；套书的封面、版式要进行统一设计，出版时间、宣传策略等要进行统一规划。就“大国海洋战略译丛”而言，从策划开始，我们就计划系统介绍美国、英国、德国、日本、法国、印度等国家的海洋战略，从而为我国的海洋战略提供参考。在这个大框架之下，我们选择合适的图书，就会有的放矢，不会成为“无头的苍蝇”。过去近十年，平均以每年出版一本的速度，让这套丛书越来越厚重，从而受到很多读者的喜爱。

08.

用散文的形式讲述中医药之美

——《药草芬芳——发现中医药之美》出版手记

《药草芬芳——发现中医药之美》（管弦著）是我于2017年责编的图书，该书用散文的形式讲述中医药之美，属于主题出版图书中比较有特色的。该书被《中国新闻出版广电报》列为月度好书。

一、对于投稿，我们怎么处理？

进入编辑行业之后，我发现，要想做一个合格的策划编辑，必须有主动出击的意识，这是需要具备的基本技能。之外，对于主动投稿，我们编辑也要有慧眼识珠的才能，这样才能避免跟好书擦肩而过。千里马常有，而伯乐不常有。编辑是一个作嫁衣的工作，也是一个可以发现优秀作者、优秀作品的工作。在出版史上，很多优秀的作家或者优秀的作品都遭受过退稿，若追溯其具体缘由，会发现有很大的偶然性，与行业、时代、编辑

《药草芬芳——发现中医药之美》（2017）

素养等都有或多或少的关系，不能一概而论。比如文学名著《包法利夫人》就因为“太肤浅了”而惨遭退稿，马塞尔·普鲁斯特的《追忆似水年华》就因让编辑“完全无法理解”而遭到退稿，最后作者不得不自费出版。所以，能否发现作者，是对编辑的巨大考验。天才编辑麦克斯·珀金斯（Max Perkins）认为发现优秀的作者是编辑的天职，菲茨杰拉德、海明威和汤姆·沃尔夫，这三位小说家的成名都得益于他的发现。

我进入出版行业之后，对于来稿都是抱着谦虚谨慎的态度，希望能从中发现好的作品。《药草芬芳——发现中医药之美》是我从投稿邮箱里发现的，觉得是一本好书，从而将其出版。我对该书的判断是：

首先，该书的主题很好，切合国家重视中医药事业发展的大方向。新中国成立后，毛泽东对中医的发展非常重视，认为应该“西医学习中医”。1954 年 6 月 5 日，毛泽东在与时任北京医院院长周泽昭谈话时着重指出：“第一，思想作风上要转变。要尊重我国有悠久历史的文化遗产，看得起中医，也才能学得进去。第二，要建立研究机构。不尊重，不学习，就谈不上研究。不研究，就不能提高。总是有精华和糟粕的嘛。这项工作，卫生部没有人干，我来干。”毛泽东还提出：“要抽调 100 名至 200 名医科大学或医学院的毕业生交给有名的中医，去学他们的临床经验，而学习就应当抱着虚心的态度。”2015 年，屠呦呦获得诺贝尔生理学或医学奖，是中医药对世界的贡献，更引起国内社会和国际社会对中医药发展的关注。我参与《屠呦呦传》一书的编辑与策划工作，更强化了自己通过图书宣传中医药事业的意识。2015 年，习近平总书记在致中国中医科学院成立 60 周年贺信中明确指出：“中医药学是中国古代科学的瑰宝，也是打开中华文明宝库的钥匙。”他强调，切实把中医药这一祖先留给我们的宝贵财富继承好、发展好、利用好，在建设健康中国、实现中国梦的伟大征程中谱写新的篇章。2016 年 2 月，在江西江中药谷制造基地，习近平总书记拿起一个个药品、保健品和食品，询问质量安全、市场、价格等情况，他强调，中医药是中华民族的瑰宝，一定要保护好、发掘好、发展好、传承好。从中我们可以看出，对中医药的重视，我们党是一以贯之的。

《屠呦呦传》（2015）

其次，该书有意思的地方在于，作者管弦是用散文的方式来写中医药的植物，讲述与这些植物相关的历史掌故，介绍它们的药用价值等。我们身边很多的植物，比如芍药、桂花、百合、南瓜、板栗等，司空见惯，在中医上都有药用价值，使用正确对身体会有所助益。很多人却缺少这方面的知识，这就是一个市场空白点。编辑要像老鹰寻找野兔一样，有一双敏锐的眼睛，能发现市场空白点。本书独具匠心，将这些植物的形态、特点、功效、文化、传说融为一体，娓娓道来，并将作者对中医药的实践、认知和感触糅合进去，语言生动鲜活，理论性与可读性兼具，让读者在字里行间感受到中医药的价值和美感，从而起到抛砖引玉的作用。科普作品很多，但用散文的形式来科普，则给人耳目一新之感。

最后，作者的背景让我信服。作者在湖南的一所医学院教书，是研究馆员，还是有名气的作家，这种双重身份的结合，让我对其书稿的质量充满信心，也让我对做好这本书充满信心。我觉得，同时具有科学知识和作家身份的作者，是非常稀缺的，碰到了就是运气，一定不能错过。编辑一定不能认为，“投稿的作品中没有好的作品，好的作品不用投稿”。宰相起于卒伍，知名学者、作家也都有一个成长过程，也多有投稿的经历，有的还经常被拒稿。千里马常有，而伯乐不常有，编辑要意识到，自己需要具备发现好作品和优秀作者的能力。不能对投稿作品一棍子打死，一概拒之门外。对于一些投稿作者的教育背景、工作岗位等，作为参考没有什么问题，但不能“唯学历论”“唯名校论”，而是要回到作品本身，看看作品是否适合出版，从社会效益和经济效益的角度进行评估。我们知道《明朝那些事儿》是超级常销书，主要讲述的是从 1344 年到 1644 年这 300 年间关于明朝的一些故事，以史料为基础，以年代和具体人物为主线，并加入了小说的笔法，语言幽默风趣。作者写作该书的时候，是海关公务员。假如一些出版社见到非专业人员的著作，就拒之门外，那肯定会带来遗憾。这个世界不是缺少美，而是缺少发现美的眼睛，对编辑选稿来说同样适用。

二、科普类主题出版图书出版过程中的注意事项

科普作品，其目的是向大众普及科学知识，展现科学魅力。主题出版类的科普作品，则是围绕党和国家重点关注的领域，进行科学知识的普及，从而为国家政策的贯彻执行营造良好的社会氛围，对于国家和社会的发展，起到一定的启蒙和动员作用。

第一，科普类的主题出版图书，首先要坚持政治属性。在政治导

向上，要保证同党和国家的大政方针相一致，要坚持社会主义方向，弘扬社会主义核心价值观，不可借科普之名夹带私货，宣扬西方“宪政”“普世价值观”“三权分立”等错误思潮。在坚持图书的政治属性之外，要保证内容的科学性、专业性。科普作品若撰写得不严谨，存在知识性错误，很容易误导读者。所以，做科普类的图书，需要慎之又慎。如果你不具有某一方面的专业知识，同时也得不到专业人士的帮助，建议不要从事科普图书的出版。《药草芬芳——发现中医药之美》一书，作为科普类图书，其内容大多属于常识性的东西，相对好把握。作者是医学院的研究馆员，对这些常识驾轻就熟，写起来非常从容。我们编辑过程中对中医药的药用价值等从网上多方查证，并请某个中医院的老专家审阅，这样才略微放心。

第二，科学作品的阅读对象，主要是非专业人士，这意味着，科普作品必须通俗化，一些过于专业的术语等要进行解释、例证。为了增加可读性，也可以讲述一些故事等，做到通俗易懂、深入浅出、娓娓道来。甚至可以在必要的地方，通过延伸阅读等形式穿插一些相关知识；对一些名词术语通过页下注的形式，进行解释说明。前面已经提到，《药草芬芳——发现中医药之美》书稿的特点之一就是语言优美、引经据典、故事性强，把科普知识寓于故事之中。我们在编辑书稿的过程中，保留作者的写作特点，并建议作者增加每种植物的图片。这样，读者不但了解了每种植物的药用价值等，更增长了识别中医药的知识。试想，如果没有图片，读者还得去网上找图片，看看“钩吻”等长什么样，岂不增加了很多不必要的麻烦？读者怎么会愿意购买这本书？我们做编辑，要学会换位思考，时刻站在读者的角度来考虑问题。本书用散文化的语言，为的是增强读者阅读的美好体验感，能让科学知识的普及起到润物细无声的作用，也是站在读者的角度考虑。好的编辑，要做到心里有读者，编辑多付出一点，读者就省事一点，获得更多的知识，这样图书才能走进读者的心里。

第三，聊一聊装帧设计。策划编辑在图书的出版流程中，要起到统筹协调的作用。对于图书的装帧设计，虽然不能如美编一样专业精通，但也要有基本的素养。策划编辑要根据图书内容，对图书的装帧设计进行总体定位。比如，开本的选择上，是 32 开，还是 16 开？或者异形本？图书正文，选择什么样的字体、多大的字号？封面是要做得古朴典雅还是要做得绚丽多姿？

在当今图书市场上，封面设计的竞争日趋激烈。好的封面不仅是一幅好的美术作品，更是图书内容与封面的完美结合，本质上属于一种创意，不是一件简单的事情。好的封面设计会让读者获得视觉上的享受，书拿到手里有种获得艺术品般的兴奋，同时好的封面设计是对书籍内容的提炼与升华，能让读者更快地把握图书要传达的主要思想。另外，图书的封面是美编与图书策划编辑对生活的一种体悟。好的封面设计，能起到一种广告作用，有利于图书的销售。你想一下，在书店中摆放着琳琅满目的图书，一本有视觉冲击力的图书，能吸引到读者的注意，就能增加销售出去的概率。《屠呦呦传》一书的封面就是很好的例子。当然，并不是所有的书的封面都要有强烈的视觉冲击力，而是要根据图书的内容进行定位。有些学术著作，简单地设计一下，封面干干净净，却能于无形之中传递出一种严肃性、庄重性。

《药草芬芳——发现中医药之美》一书的封面，在我们总编辑辛广伟的指导下，与美编马淑玲的反复修改，前后经历 1 个多月。我觉得，这本书的封面总体上还是很雅致的，传递出中医药的魅力，让读者感到一种美。该书开本选择32开，适合携带。很多读者反映，该书封面赏心悦目，典雅中透露出植物之美。

第四，关于图书的宣传。这本书的宣传，我下了很大的功夫。当时公众号处于大火，我联系一些公众号宣传该书，并精选出优秀留言者赠书。联系《北京日报》等刊发书讯。在人民出版社的公众号上刊发图书内容的介绍。赠书是一种很好的方式。如果选择的赠书对象合适，往往能达到事半功倍的效果。比如一些书评家、大学教授、有影响力的媒体、公众人物等，我们将图书免费赠送，他阅读后就会一传十，十传百，从而起到很好的宣传作用。我记得某个出版社的编辑，曾经把一本书送给教育部审读教材的专家，从而使她责编的那本书入选教育部推荐书目。

《药草芬芳——发现中医药之美》一书的内容简介是这么写的：

> 这是一本用散文的语言发现中医药之美的书。我们身边很多的植物，比如芍药、桂花、百合、南瓜、板栗等，在中医上都有药用价值，使用正确对身体会有所助益。然而，很多人却缺少这方面的知识。本书将这些植物的形态、特点、功效、文化、传说娓娓道来，并将作者对中医药的实践、认知和感触糅合进去，语言生动，让读者在字里行间感受到中医药的价值和美感，从而起到抛砖引玉的作用。

这个内容简介是经过我和作者精心打磨的，能够唤起读者的阅读欲望。网上很多的宣传都使用这个内容简介。作为编辑，一定要认识到内容简介和作者简介的重要性，内容简介是图书的高度凝练，读者拿起一本书，先看书名，然后一般就看内容简介和作者简介。作者简介有利于读者了解作者的信息。内容简介和作者简介，内容都不可过多，各二三百字较为合适。

同时，作者也密切配合了图书的宣传。比如她在当地书店开展该书的访谈等。之后她又写作了《毒草芬芳》一书，与该书配套，也扩大了《药草芬芳——发现中医药之美》一书的影响力。

09.

当今世界正经历百年未有之大变局

——《理解“百年未有之大变局”》出版手记

党的十九大以来，习近平总书记多次指出，“当今世界正经历百年未有之大变局”。这是我们党立足中华民族伟大复兴战略全局，科学认识全球发展大势、深刻洞察世界格局变化而作出的重大判断，对于指导我们开启全面建设社会主义现代化国家新征程、夺取新时代中国特色社会主义伟大胜利，具有重大而深远的意义。

当今世界正经历百年未有之大变局，这个大变局的具体内容是什么？这是一个很多党员干部都关心的问题。我们国家作为世界第二大经济体，最大的发展中国家，最大的社会主义国家，联合国安理会常任理事国，对国际格局有着举足轻重的影响。尤其是随着“一带一路”倡议的提出，国际社会将更多的目光投向我们。美国作为当今世界的霸权国家，已经大不如前，产生了“霸权衰落”的焦虑，对新兴经济体严加防范，将我国作为战略竞争者，防止我国挑战其霸权地位。当今的国际格局，呈现出明显的“东升西降”态势，美国霸权的相对衰落和中国的崛起，是最大的国际形势。这对我国经济社会发展有着明显的影响。特朗普于 2017 年就任美国总统后，坚持“美国优先”，推行贸易保护主义和单边主义，实行“逆全球化”，对华发动贸易战、科技战等，使国际形势更加复杂。党员干部理应对国际形势有一个基本的了解和判断，这样不但有利于提高工作能力，更好地治国理政，也有利于发扬斗争精神，防止在意识形态问题上犯颠覆性错误。正如习近平总书记所说：“当今世界正处于百年未有之大变局，我们党领导的伟大斗争、伟大工程、伟大事业、伟大梦想正在如火如荼进行，改革发展稳定任务艰巨繁重，我们面临着难得的历史机遇，也面临着一系列重大风险考验。胜利实现我们党确定的目标任务，必须发扬斗争精神，增强斗争本领。”

在这种情况下，主题出版就有责任作出自己的贡献。我意识到出版一本深刻认识大变局的书，已经到了势在必行的地步。理念是行动的先导。有了这个想法之后，我就开始琢磨怎样选择作者。在合作过的作者中，我反复思考，觉得适合写这本书的是于洪君。他曾经当过中联部副部长，如今退休了，从事“一带一路”等研究，对中国外交、国际格局的变化有着深刻的认识。他笔耕不辍，时常文章见诸报端、网站等。

我和于洪君的认识，始于我向他主动约稿。当时“一带一路”倡议大热，我在网上看到于洪君发表了一些“一带一路”相关文章，就想邀请他汇编成书。于是我联系庞中英，跟他要了于洪君的联系方式。庞中英是国际关系的知名学者，全球治理方面的研究专家，还是我在中国人民大学读硕士时的导师。庞中英与于洪君彼此非常熟悉。我怀着忐忑的心情，给于洪君发了信息，之后，他就约我去中联部面谈。我记得，我去中联部见他的时候，是周一的上午九点左右，他的秘书下楼接我。于洪君和蔼可亲，爽快地答应下来。后来我和他交往频繁，他经常说：“是小刘开启了我退休后写书的生涯。”这是因为，由此成书的《“一带一路”：联动发展的中国策》，是他退休后出版

《“一带一路”：联动发展的中国策》（2017）

的第一本书，之前的都是以文章、访谈的形式，见于报刊、网站、自媒体。我对他的这个评价，是感到非常高兴的，这让我觉得做编辑还是有一定价值的。

于洪君在我这里出版的第一本书是《“一带一路”：联动发展的中国策》。该书上篇阐述了“一带一路”倡议的时代背景、现实意义和历史价值，涉及“一带一路”建设的基本原则和与此相关的各种问题。下篇阐述了新时期中国外交的理论突破和实践创新，论证了中国广泛介入国际事务，深度参与全球治理，在全球化进程中凯歌行进的成就与经验，展示了中国走向世界与世界走向中国双向互动历史进程的广阔前景。

可以说，该书的特色是，将“一带一路”置于新时期中国外交的理论突破和实践创新的角度来研究阐释。我曾经和于青（人民出版社原副总编辑）写过一篇书评《一部刻画中国与世界“双向互动”的新画卷》，总结介绍这本书的特点。实际上，这篇书评是在《“一带一路”：联动发展的中国策》新书发布会上的发言基础上修改而成的。

做编辑，一定要踏踏实实，要有重复博弈的心态，决不能把跟作者的合作看作一锤子买卖（一次性博弈），有一种轻浮急躁的心态。有了《“一带一路”：联动发展的中国策》的合作基础，我和于洪君就“百年未有之大变局”这个话题约稿，就相对容易、顺畅多了。关于《理解“百年未有之大变局”》一书的思路，我俩的看法是，可以请多位专家学者，从各自的角度和领域进行写作，每篇四五千字，于洪君担任主编。这种由某个人主编的书，好处在于能让每个领域的顶尖学者写自己熟悉的东西，出来的成果非常权威可读；坏处是文风不一致、书稿前后等容易出版重复甚至相互打架等，整个书稿看起来，像拼凑起来的，很生硬。总之一句话，有利也有弊。本书选择以主编的形式，这就需要扬长避短，在书稿收齐后，认真打磨编辑，不合适的该删则删、该改则改，实在不行，该退稿就退稿，一切以图书内容质量为中心，不能有半点含糊。

该书邀请了傅莹、阎学通、贾庆国、蔡拓、庞中英、朱云汉、朱锋、王义桅等撰写。你看，多么强大的作者阵容。比如傅莹，曾任中国驻菲律宾、澳大利亚、英国等国大使，是中国第一位少数民族女大使、驻大国女大使，2009—2013 年，任外交部副部长；以善于沟通著称。她写的《看世界》（一、二两册）是很有名气的畅销书。我参加过《看世界》（二）书稿的编辑工作，她还邀请我参加了这本书的新书发布会，签名送了我两本书。傅莹大使非常儒雅，口才极佳，非常了不起。傅莹《看世界》一书中有很多金句，比如“美国的难题也许是要学习如何与平等伙伴相处。我观察，在美国的传统世界里面，国家关系只有两种，要么是俯首称臣、寻求帮助和支持的盟友，要么是需要对抗和打倒的敌人”。“中国正在努力学会成为世界公民，在

《理解“百年未有之大变局”》（2020）

国际上发挥更大的作用，但这需要时间。”《理解“百年未有之大变局”》一书出版后，之所以反响很好，在众多同类型出版物中能够脱颖而出，与这么强大的作者阵容密不可分。

习近平总书记说：“正确的战略需要正确的策略来落实。要取得各方面斗争的胜利，我们不仅要有战略谋划，有坚定斗志，还要有策略、有智慧、有方法。策略是在战略指导下为战略服务的。”做一本书也是一样，如果把要出“大变局”的书作为一个战略来看，那么具体是“著”还是“编”，就是策略问题；选择“编”的话，请哪些人执笔，也要慎之又慎。在我看来，主题出版的选题策划，一定要处理好战略和策略的辩证关系。战略上，一旦确定下来某个选题方向，就要有战略定力，“咬定青山不放松”，克服困难，争取成功；策略上，要有足够的灵活性，在坚持做高品质图书的基础上，重视方式方法，多与作者商量、与单位领导商量、与同事商量，不可固执己见。

我也有战略定力不够的时候，比如曾经要策划一本跟系统思维有关的图书，当时请了一位上海知名大学的教授撰写提纲，但社领导对选题有一些异议，后来我就没坚持下来，不了了之。关键是，我没有再琢磨其他的作者，就这个选题继续约稿。这就是战略上没有定力，没有一以贯之地去实施自己的战略意图。中共中央党校的刘玉瑛教授写过一本《关键在于落实》的书，是新华出版社出版的，被新华出版社评为 40 年 40 本好书之一，卖得非常好，销量突破 50 万册。这也从一个方面说明，编辑一定要有执行力，将好的创意落到实处。正如马克思所指出的：“一步实际行动比一打纲领更重要。”现在想来，我那些流产的创意，何尝不是自己懒惰的明证。

回过头来看《理解“百年未有之大变局”》一书。该书出版后，在宣传上，除了一系列常规操作，比如开发布会、发表书评等，值得说明的是，作者在宣传该书上倾其所力。我和于洪君曾一起去苏州参加书展。当时主办方苏州市委宣传部对这本书非常感兴趣，主动跟我们社的发行人员联系，邀请于洪君去做讲座。于洪君不辞辛劳，舟车劳顿前往，为该书的宣传助势。讲座现场掌声如潮，可见读者对于洪君演讲的喜爱。于洪君还多次向他的朋友们推荐该书，很多人成为该书的忠实读者。如今，《理解“百年未有之大变局”》一书，已经销售 2 万册，几乎每年都有重印。由此可见，党员干部是需要一本这样解读国际形势的主题出版图书的。

之后，我和同事出版了于洪君的《“一带一路”：文明互鉴的大通道》《“一带一路”十周年青年发展报告》《2024 年“一带一路”青年发展报告》等三本书。这些书，理论联系实际，案例丰富，语言生动，为讲好“一带一路”的故事作出了贡献。可以说，于洪君是人民出版社忠实的作者，我能为他服务，与我们之间的互动是分不开的。

世界好，中国才会好；中国好，世界会更好。中国与世界的互动，意味着我们需要更多地关心这方面图书的策划，这也是主题出版必须承担起来的责任。我们要用图书的形式，向国内读者介绍国外的知识、理论、经验、做法，向国外读者讲好中国故事，让他们了解中国的发展成就，为中国深度融入国际社会、推动构建人类命运共同体助力。

10.

源头同是莹洁水，清浊何以多变迁？

——《清风润初心——与党员干部谈修为》出版手记

张爱萍上将曾经驻足长江、黄河的源头，向东眺望，在诗中写道：“源头同是莹洁水，清浊何以多变迁？”同样，为什么我们的党员干部刚工作时都廉洁勤政，后来有的竟误入歧途，走上腐败道路？相信很多读者，包括党员干部，都会有这种疑问。

腐败问题，不是一个新问题，而是由来已久。古今中外，各个国家和社会都受腐败问题困扰，只不过有的制度完善一些，问题小一点，有的严重甚至导致人亡政息、国家动乱。

《清风润初心——与党员干部谈修为》（2019）

腐败问题严重威胁政治生活的健康，影响国家政权的合法性，也影响人民的切身利益，比如那种吃拿卡要的行为，无形中增加了经济运行的成本，剥夺了老百姓的部分合法所得，老百姓对之深恶痛绝。如何惩治腐败，也就成为人类不得不苦苦探索的话题之一。

如何惩治腐败，这是一个世界性难题。几乎没有国家能够根治腐败。具体的措施上，毫无疑问，重中之重，要加强对权力的制约和监督，把权力关进制度的笼子，也就是经常说的，依法反腐、制度反腐是根本。党的十八大以来，国家加大大案要案的查处力度，“老虎”“苍蝇”一起打，全面落实中央八项规定精神，加强监察体制改革，让腐败分子无处可逃，也起到了很好的威慑作用。2012 年 12 月 4 日，党的十八大一闭幕，以习近平同志为核心的党中央就制定《十八届中央政治局关于改进工作作风、密切联系群众的八项规定》。有人说，八项规定改变中国，我是非常赞同的。

比如，我们坚定不移推进全面从严治党，把国际追逃追赃纳入反腐败工作总体部署，让腐败分子没有了捞一把就走的侥幸心理。加强反腐败国际追逃追赃工作，是以习近平同志为核心的党中央统筹中华民族伟大复兴战略全局和世界百年未有之大变局，立足新时代全面从严治党、党风廉政建设和反腐败斗争新形势新任务作出的重大决策部署。习近平总书记高度重视、亲自推动，对反腐败国际合作谋篇布局，为追逃追赃工作提供坚强政治引领。党中央将国际追逃追赃工作提升到国家政治和外交层面，纳入反腐败工作总体部署，为追逃追赃工作奠定了坚实政治基础；加强集中统一领导，建立中央反腐败协调小组，统筹抓好反腐败国际追逃追赃工作。

又如，新修订的《中国共产党纪律处分条例》在总结实践经验基础上，与时俱进完善纪律规范，与 2018 年《中国共产党纪律处分条例》相比，新增 16 条，修改 76 条，进一步扎紧织密制度笼子，为全面加强党的纪律建设提供了重要遵循。

我们更不能忘记，全面从严治党中有一个重要的途径，就是如何加强党员干部的修养。同样的环境，为什么有的干部一尘不染、艰苦朴素，有的干部却肆意妄为、骄奢淫逸？为什么有的干部大权在手，经受不住各种诱惑，理想信念动摇，迷失在灯红酒绿中，有的干部却能廉洁自爱，一心为民，成为百姓喜爱的“好官”？河北省委原书记周本顺“从小就痛恨贪官，到最后自己成了贪官”；南京市委原书记杨卫泽，“不喝年份茅台酒就不够意思”，以前却是滴酒不沾……这样触目惊心的案例太多了。从内因的角度来讲，他们都是疏忽了自身修养的提升，经受不住权、钱、色的诱惑，世界观、人生观、价值观扭曲变形，最终使自己追悔莫及，沦为阶下囚。

我一直想策划一本内容为如何反对腐败的主题出版图书。人民出版社出版过《廉镜漫笔——十八大以来党风廉政建设漫画解读》一书，我觉得用漫画的形式讲廉政建设，很有创意。对我来说，再策划一本用漫画讲廉政的书，恐怕社里很难同意出版，毕竟已经有这么一本了。当然，我也策划过漫画相关的书，比如《社会主义核心价值观青年读本（插画版）》，这是我于 2014 年出版的图书，中国人民大学的臧峰宇教授撰写的文字，漫画家曹一配的画。我注意到，《中国纪检监察报》评论版发表的一些评论，非常有意思，这些评论注重从中国传统文化中汲取营养，通过讲述一个个发人深省的故事，于潜移默化中提醒党员干部注意某些方面的修养，以防微杜渐，防患于未然，或者给自己开刀，迷途知返，及时止损。这些文章视角新颖，文风清新，紧贴党员干部工作生活实际，娓娓道来，可读性强，是党员干部加强党性修养、坚定理想信念的营养剂、创可贴。

比如，为了说明干部要保持共产党员的本色，不搞弄虚作假这一套，《不搞“促白须以求官”那一套》一文引用了明代陆容所著《菽园杂记》中的例子，是说有人“促白须以求相”，以至于卖乌须药和镶牙补牙的广告，都贴在吏部衙门前了。也就是想尽办法让胡须变白以显示自己老成而争取当大官，是一种伪诈，实质是造假以升迁。这种寓道理于故事的方式，润物细无声，比那种生硬地讲道理更容易为党员干部所接受。

新时代的全面从严治党，必须更加重视提高党员干部的道德修养。再精致的制度设计也容易有漏洞，毕竟执行制度的是人。唯有保持思想上的清醒和道德上的自觉，才不会误入歧途，越走越远，越陷越深，忘记初心。

我与时任《中国纪检监察报》评论部副主任陈治治联系后，他也非常感兴趣。他说，“清风”栏目获得过中国新闻奖，还表扬我有眼光，慧眼识珠。我跟他建议：你们发的文章很多，我们这次要精选出写得最好的，可读性最强的，字数控制在 15 万字左右，文章要进行分类，不能一股脑地简单罗列下来。后来，他把文章整理后，主要分为守规矩、俭养廉、修政德、勇担当、务真实、树正气、勤求学、涵家风、铸信仰等九个部分。不得不说，他作为评论界的资深人士，分类分得很不错，体现出专业素养。

该书在众多反腐类图书中脱颖而出，主要在于以下几点：

第一，角度新颖。对于同一个主题，选择不同的角度成书，效果会不一样，有时候会大相径庭。“横看成岭侧成峰，远近高低各不同。”从党性修养方面入手，是反腐的治本之策。认识到这一点，去策划图书，就有了明确的方向。中央严厉反腐，保证“不敢腐”；

加强制度建设，保证“不能腐”；筑牢心理防线，保证“不想腐”。习近平总书记多次强调要修好共产党人的“心学”，要求党员干部要加强党性教育，勇于自我革命。我国历史上的廉政文化，属于中华优秀传统文化的一部分，对于提高党性修养，是非常有帮助的。从这些廉政文化中汲取养料，滋润党员干部的身心，就是主题出版应该做的工作之一。我于 2024 年出版了郝立新主编的《修好共产党人的“心学”》一书，可谓在党性修养方面加强主题出版策划的又一个努力。在此不再赘述。

第二，故事性强。从上文的列举中，我们可以看到，文章虽然都在1000字左右，但里面讲的故事特别吸引人，这保证了图书的可读性。党的十八大以来，主题出版类的图书，讲故事系列有很多取得成功的图书。比如人民出版社出版的《习近平讲故事》（人民日报评论部）一书。《习近平讲故事》共收入 109 则故事，分为对内篇和对外篇。对内篇包括廉政、品格、励志、治理等；对外篇侧重于人民友好、国家交往、文化融通、历史情感等。每则故事在引用原文之外，还配有“延伸阅读”，用以丰富故事细节，还原故事语境，让读者更好地体悟故事背后的改革发展之道、大国外交之道、修身为人之道。该书出版 3 个月发行量就达到了 150 万册。这是我们学习的榜样！该书是时任人民出版社副社长李春生（现为人民出版社总编辑）策划的，我有幸在他的安排下成为责编之一，参与了编辑工作。后来，又出版了《习近平讲故事》（第二辑）。可以说，主题出版类的图书，讲故事的好书，必然每隔一段时间就会冒出来。人们爱听故事，这可是一条规律呀。

第三，编排大气。该书的编排上考虑读者的阅读习惯，既做到雅致，又让字号大小适宜。全书页数 200 多页，不属于那种大部头的书，党员干部忙里偷闲时可以从中选择几篇阅读。装帧设计上封面简单大方，摆放在书店里，特别醒目，这也是一种无形的广告。

与这本书一起出版的，还有《党的十九大以来全面从严治党新观察》，也是《中国纪检监察报》的评论文章精选集。这本书的创意，也是我提出来的。党的十九大是一个重要的时间节点。党的十九大报告强调，坚定不移全面从严治党，不断提高党的执政能力和领导水平。报告中 16 次出现“党的领导”，提出要坚持党对一切工作的领导；13 次提到“党的建设”，提出党的建设新的伟大工程在“四个伟大”中起决定性作用；7 次出现“全面从严治党”，提出夺取反腐败斗争压倒性胜利。[①]《中国纪检监察报》评论版围绕党的十九大以来全面从严治党的新思想、新要求、新目标、新举措、新成果，刊发了一系列有影响力、引导力、传播力、公信力的高水平评论。这些评论，有利于各级党政机关和广大党员干部学习领会好、贯彻落实好党的十九大精神，进一步深化对“全面从严治党永远在路上”的认识。该书销售了 1.5 万册，不如《清风润初心——与党员干部谈修为》一书，但也很不错了。

后来，中央电视台春节联欢晚会，有个讽刺躺平的小品——《坑》，沈腾在小品中入木三分地刻画了一位“不担当不作为、不肯干也不敢干、卷起袖子在一边看”的“躺平式干部”。这位干部漠视群众疾苦，缺乏责任担当，还常常为自己找一些冠冕堂皇的理由。我觉得有必要

① 《详细解读：十九大报告对全面从严治党的九个新论述》，见北晚在线：https://www.takefoto.cn/viewnews-1302168.html。

出版一本书，来对这种党员干部不作为的行为，进行一定的批判。就这个话题，我和陈治治商量过，他也很感兴趣。但由于种种原因，最终没有推动下去。

11.

主题出版短线产品如何策划？

——《新时代怎样做好调查研究》出版手记

调查研究是我们党的传家宝，是做好各项工作的基本功。新时代怎样做好调查研究？2023 年 3 月，为深入学习贯彻习近平新时代中国特色社会主义思想，全面贯彻落实党的二十大精神，中共中央办公厅印发了《关于在全党大兴调查研究的工作方案》，并发出通知，要求各地区各部门结合实际认真贯彻落实。这是我找中共中央党校（国家行政学院）哲学原理教研室原主任阮青约稿的背景。

我与阮青的认识，始于《学哲学用方法》一书。该书是 2022 年中国民主法制出版社出版的图书。这本书涵括唯物论、辩证法、认识论、历史观、价值观、人学理论，从学哲学、用方法的角度探讨作者在长期的教学实践中提炼出来的“大问题”“真问题”“实问题”，分别阐述马克思主义哲学的重要理论及其方法。在出版该书的过程中，出版圈的朋友请我帮助审读《学哲学用方法》一书的书稿。我发现这

《新时代怎样做好调查研究》（2023）

本书很有意思，看了看作者是阮青，就试着与阮青联系，看看有没有可能合作。我记得，2022 年的冬天，我邀请我的导师庞中英和阮青在中共中央党校（国家行政学院）附近简单吃了个饭。阮主任儒雅，博学，平易近人，善于思辨，给我印象深刻。当时我们聊得很好，商定的写作主题是，给新时代的共产党员重新解读一下毛主席写的《矛盾论》《实践论》。后来，这个选题也在人民出版社立了项。

2023 年 3 月，当我看到《关于在全党大兴调查研究的工作方案》的新闻稿后，我就意识到可以策划一本怎么贯彻落实这个方案的图书，这就是主题出版选题策划中的敏感性。好的策划编辑要时刻保持激情，准备着马上投入战斗，看到好的题目就感到兴奋，有要立刻行动的冲动，这样才能策划出好书。于是我就跟阮青联系，阮主任决定延缓手头上正在进行的写作，先专心写作《新时代怎样做好调查研究》一书。她还邀请自己的学生马彦涛参与。我们看看他们两人当时的简历。

阮青，中共中央党校（国家行政学院）哲学原理教研室原主任、教授、博士生导师，中共中央党校（国家行政学院）督学专家组成员，中国现代哲学研究会副会长。长期以来主要从事马克思主义哲学、中国特色社会主义理论体系、价值哲学的教学和研究工作，是中共中央党校（国家行政学院）省部班、中青班、地厅班等各类主体班次的主讲教员；主持和参与多个国家和省部级科研项目；中组部全国干部教育培训好课程获得者。

马彦涛，中共中央党校（国家行政学院）马克思主义哲学博士，清华大学公共管理学院管理学博士后。现任中国社会科学院哲学研究所科研处副处长、助理研究员，中国马克思主义哲学史学会中国马克思主义哲学研究分会副秘书长。主要从事马克思主义哲学、文化哲学、领导哲学研究。

从中我们可以看出，他们两个人不但学问做得不错，而且有给党员干部授课的经历，接触到很多党员干部，了解他们的所思所急所盼，适合写一本怎样做好调查研究的通俗读物。该书的立意是，坚持以习近平新时代中国特色社会主义思想为指导，学习贯彻《关于在全党大兴调查研究的工作方案》，从理论与实践的结合上，梳理我党调查研究的历史，讲清楚调查研究的总体要求、重要内容、基本步骤、主要方法等，为新时代共产党员做好调查研究提供参考。选题很快就被社里批准，同意出版。

阮青与马彦涛写作书稿用了 3 个月的时间。我拿到书稿后，发现写作严谨细致，对习近平总书记重要讲话精神把握十分到位，理论阐释深入浅出，驾轻就熟，且书稿中案例丰富具体。该书于 2023 年 9 月出版。从出版的角度来说，我有以下几点感想。

第一，短线产品必须保证出版的时效性。选题策划一般分为短线、中线、长线，主题出版的图书也是类似。在我的时间规划中，一本书，从选题策划到上市销售，短线产品的要求是半年左右；中线产品的要求是 1 年左右；长线产品的要求是 1 年以上。像《新时代怎样做好调查研究》一书，属于典型的短线产品。这种选题的策划，在保证图书质量的前提下，重在时效性。主题出版类图书中，为重要事件策划的选题，如果不能赶在某个时间节点之前出版，就会失去很大的价值，从而成为明日黄花，影响市场销量和社会影响。比如为新中国成立 70 周年策划的选题，若不能在 2019 年出版，而在 2020 年以后出版，那基本上就等于黄花菜都凉了。所以说，编辑要有时间意识，认识到出版这种图书属于典型的“时间紧，任务重”。

前几天跟一位作者聊天，他说他的一本书，给北京某大型出版社出版，编辑和出版社都同意出版，作者和出版社也签订了出版合同，但编辑执行力太差，磨磨叽叽，2 年了还是没动静。他忍无可忍，就把选题拿到另外一家出版社出版了。这实际上是对出版社品牌的伤害，是对出版资源的一种浪费，也是编辑生涯的一个污点，属于典型的“多输”局面。现实中，有的编辑因为出书拖拖拉拉，被作者起诉到法院的情况很多，不但输了官司，还丢了人，这需要引以为戒。

要保证作品出版的时效性，首先，在组稿环节，就要选择对选题涉及内容研究深入、时间充裕、写作速度快、文稿质量高的权威作者，可以由一个人来承担写作任务，也可以由两个人以上来承担。有的作者课题多、研究任务重，行政事务多，或者家里事情多，忙忙碌碌，很难抽出时间来写作，就容易拖稿。短线产品的策划特别要警惕作者拖稿。我曾经策划过一本“大国海权兴衰启示录”的图书，作者拖稿 2 年多，最后不得不另找作者写作该主题；我也曾经策划过一个新质生产力的选题，最后因为作者拖稿不了了之，而人民出版社跟我差不多时间策划的新质生产力的选题，则因为作者交稿及时，顺利出版，反响很好，获得一系列奖项。当然，在作者写作书稿的过程中，编辑也要及时与作者沟通，目的之一是催促写作；之二是了解写作情况，掌握进度，看看有没有遇到什么困难，是否需要协助解决；之三是表达出版社的重视，让作者感到温暖。

其次，编辑要心里装着作者，把作者拿过来的书稿，当作自己孩子，不能耽误孩子的成长成才。这意味着，主题出版的短线产品，写作周期和出版周期不能太长，一般各自也就三四个月的时间。编辑必须有奉献精神，加班加点，不能耽误时间；编辑要协调好写作和出版的各个环节，不能当甩手掌柜；编辑要分清轻重缓急，属于短线产品的书稿一旦交稿，就要临时放下手里的活，把主要精力投入短线产品的出版中。编辑若没有时间观念，即使自己专业水平再高，也做不好主题出版的短线产品。

第二，做好短线产品的策划，要保持足够的激情。短线产品多是贯彻落实中央精神，比如迎接新中国成立 70 周年，我当时出版了《新中国成立 70 年大家谈》一书，该书收录了金冲及、蔡昉、高尚全、林毅夫、曲青山等理论大家的文章，这些文章都是《人民日报》《光明日报》等刊发过的，内容权威，整理成书相对容易。但这本书时效比较强，我若没有足够的激情和不怕麻烦的耐心，是不可能去策划这本书的。收入该书的所有文章，是需要作者授权的，而这个工作是由我来做的，过程颇费周折。我在 2018 年，策划过《改革开放四十年大家谈》，套路和《新中国成立 70 年大家谈》差不多，这里就不再赘述。《新时代怎样做好调查研究》也是如此。该书的策划是我满怀激情与阮青约稿的。该书交稿之后，3 个月左右出版。我是满怀着激情来编辑审读稿子，来协调复审、终审、排版、校对、印制、宣传等事宜。可以说，时间紧、任务重，编辑稿子的压力大，没有担当精神和奉献精神，没有激情，是很难自找“麻烦”的。

这里想说的一点是，有足够激情的人，在选题的竞争中才容易胜出，或者说叫捷足先登。举个例子，《中国新闻出版广电报》刊发了《聂震宁致青年编辑的十二封信》，受到编辑们的欢迎，很多出版社把这些信作为青年编辑的培训教材。同时，多家出版社也意识到，可以将其汇编成书，他们致信报社，希望商谈出书事宜。而人民教育出版社则是在第一封信面世时，就联系聂震宁先生，锁定出版资源。其实，我看到刊发的信后，也联系过报社，可能时间比他们晚，也就花落别处了。所以说，有时候，一定要保持激情，时间就是生产力，谁捷足先登，谁就可能获得更多的资源。

第三，短线产品出版过程必须坚持系统思维。客观事物不但是作为矛盾而存在的，而且是作为一个系统而存在的，因此，分析问题必须具有系统的观点。只有坚持系统思维，才能抓住整体，抓住关键环节，才能在坚持原则的前提下采取灵活有效的方法处置。习近平总书记曾深刻指出："事物是普遍联系的，事物及事物各要素相互影响、相互制约，整个世界是相互联系的整体，也是相互作用的系统。"可以说，系统思维帮助我们驾驭全局，处理好局部和整体的关系。出版策划本质上是个人行为，但作者交稿之后，出版就有众多的流程，每一个环节编辑都需要盯紧。如果你和每个环节的同事都关系比较好，做起来就会比较顺畅。比如，你和发行的同事经常往来，就很有可能多帮你卖一些书。另外，编辑要根据一本书计划出版的时间，倒推计算好每一个环节需要的时间，然后按照这个时间要求去布置任务和监督完成任务。每一个环节都要保证质量，否则出版物不可能达到出版的要求。编辑有了系统思维，才能保证主题出版图书的时效性，从而提高图书的影响力。

我与阮青主任合作得非常愉快。2024 年下半年，我又和她就走好新时代党的群众路线约稿，她爽快地答应了，预计 2025 年该书上市。我们党的宗旨是为人民服务，必须走群众路线，加强与群众的联系。新时代对于怎么走好群众路线，提出了一些特殊的要求，比如现在很多网友通过自媒体发声，网上群众路线就成了热门话题。基于这样的思考，我和她就群众路线主题进行了约稿。

总之，希望通过对《新时代怎样做好调查研究》一书出版过程的总结，能为同行提供一些借鉴。

12.

一部解读共产党人的“心学”特色读物

——《修好共产党人的“心学”》出版手记

《修好共产党人的“心学”》一书，虽然不是我和郝立新院长的第一次合作，却是非常值得写一写的。本书由贵州大学中国共产党人“心学”与推进党的建设新的伟大工程高端智库组织编写，委托中国人民大学马克思主义学院原院长、哲学院原院长郝立新担任主编，由人民出版社 2024 年出版。

共产党人的“心学”，就是“不忘初心之学”，它继承和发扬了中华优秀传统文化中重视正心修身的思想，并赋予其鲜明的党性内涵及特征，对我们党通过伟大的自我革命推动伟大的社会革命，实现中华民族伟大复兴的中国梦，具有重要意义和价值。该书作为学习贯彻习近平总书记关于第二个结合重要讲话的成果，有一定的参考借鉴意义。我在这里介绍一下出版过程和体会。

《修好共产党人的“心学”》（2024）

《修好共产党人的“心学”》一书是我于 2022 年 5 月申报的选题。

当时还处于疫情防控期间，我给郝立新院长打电话，商谈策划一些新书事宜。郝立新院长说，他正在跟贵州大学搞一个“心学”的项目，并问我是否感兴趣。习近平总书记在讲话中多次强调要修好共产党人的“心学”。对于共产党人的“心学”的重要性，我内心是非常清楚的。于是，我建议郝立新把提纲拿过来，看看是否适合在人民出版社出版。于是就有了该选题的申报。我记得2022年七八月，郝立新还邀请我去贵州大学参加该书的选题研讨会，商谈出版和写作事宜。人民出版社作为该书的出版方，我作为策划编辑，是有义务去学习聆听的，也非常感兴趣，真诚希望能当面请教，但因为事情太多，并且还处于疫情防控期间，诸多不便，于是就没能成行，非常遗憾。但这没影响我与郝立新之间的合作。

通过与郝立新就该选题的多次沟通，我逐渐了解到更多的信息。贵州对该选题非常重视。2021年，贵州省委宣传部批准成立国内首个省级“心学”专题新型特色智库——贵州大学中国共产党人“心学”与推进党的建设新的伟大工程高端智库（以下简称“心学”智库）。2023年，统筹全省上下实施“阳明文化转化运用工程”等多彩贵州重大文化工程，大力推进理论研究、集成出版、传播推广、文艺创作等工作，积极回答好如何推进阳明文化创新性发展、创造性转化这一时代课题。为了更好从马克思主义与中华优秀传统文化相结合的高度来理解建构共产党人“心学”的逻辑框架和意义，贵州省委宣传部依托“心学”智库，联动哲学、马列·科社、党史·党建等省内外专家团队，开展有组织的科研攻关，全力推出有分量的成果。2024年，“心学”智库首席专家、教育部长江学者特聘教授郝立新主编的《修好共产党人的“心学”》在人民出版社出版。

本书以习近平总书记的重要讲话精神为指导，对与修好共产党人的“心学”相关的党性教育、中国共产党人精神谱系、中华优秀传统文化、“两个结合”、精神信仰、时代使命等问题，进行了通俗解读，有利于广大党员干部提高党性修养。该书接近 30 万字，非常厚重，具有以下几个特点：

第一，坚持以习近平新时代中国特色社会主义思想、习近平总书记关于修好共产党人“心学”的重要论述为指导。本书导论部分对总书记心学的相关重要论述进行了深入学习和梳理总结，有利于广大党员干部提高政治站位，认识到修好共产党人“心学”时代背景、核心要义、重要意义，深化对修好共产党人“心学”的认识。全书的写作坚持以习近平新时代中国特色社会主义思想为指导，将党的二十大精神贯穿其中，力求做到理论与实践相结合、学术性和政治性相结合，从而推动强国建设、民族复兴。可以说，本书是推动学习贯彻习近平新时代中国特色社会主义思想走深走实的重要实践。

第二，将修好共产党人的“心学”与中华优秀传统文化结合起来。坚持把马克思主义基本原理同中国具体实际相结合、同中华优秀传统文化相结合，是习近平文化思想的重要内容之一。本书将王阳明心学中的格物致知、修齐治平等，与共产党人的素养教育结合起来，有利于推动中华优秀传统文化的创造性转化、创新性发展，推动传统文化在党的建设上发挥更大的作用，可以说，本书是对习近平总书记推动马克思主义与中华优秀传统文化相结合的典型案例研究。作者队伍中包含众多贵州科研院所的学者，让该书在中华优秀传统文化方面的解读，具有权威性、可读性。

第三，将修好共产党人的“心学”与革命文化、社会主义先进文化相结合。修好共产党人的“心学”与我们党历史上的党性教育，与在革命、建设、改革过程中形成的中国共产党人的精神谱系，有着密切的关系，是这些精神成果在新时代的总结与升华。本书系统梳理了新民主主义革命时期、社会主义革命和建设时期、改革开放和社会主义现代化建设新时期、中国特色社会主义新时代的“心学”实践，梳理了各个历史时期红色精神与“心学”的内在联系，这对于新时代加强共产党人的党性修养，培育和践行社会主义核心价值观，具有一定的理论贡献和实践指导意义。

第四，该书提出的建议具有实践性和可操作性。该书在写作的过程中，力求做到理论性与实践性相结合，不但让党员干部了解我们党的理论形成发展的脉络，而且希望他们阅读该书后在具体工作中找到一个提高党性修养的抓手。该书提出了共产党人“心学”的总开关：世界观、人生观、价值观，并在此基础上梳理出“六个坚持”以及“诚意正心”“修齐治平”“知行合一”等三个具体措施，方便理解，可操作性强。“心学”的重要性再怎么强调都不为过，需要在理论上进行深入浅出的探讨，但总结提出可操作性的方法，却更具有价值。

该书作者权威，写作扎实，材料翔实，案例丰富。在市场上修好共产党人“心学”的众多读物中，该书独具特色，具有很高的出版价值。马克思有一句名言：“批判的武器当然不能代替武器的批判，物质力量只能用物质力量来摧毁；但是理论一经掌握群众，也会变成物质力量。”这本书的出版，有利于推动共产党人“心学”的研究和阐释，有利于广大党员干部提高党性修养，为强国建设、民族复兴贡献自己的力量！

该书的宣传上，我们召开了新书发布会。11 月 9 日，在贵州省委宣传部指导下，由贵州大学主办、中国共产党人“心学”与推进党的建设新的伟大工程高端智库承办的“‘第二个结合’与造就新的文化生命体理论研讨会暨《修好共产党人的‘心学’》新书发布会”在北京贵州大厦举办。来自中共中央党校(国家行政学院)、中国社会科学院、北京大学、清华大学等多所高校、科研院所、杂志社、报社及有关单位的知名专家参加会议。在会上很多专家对该书给予了高度的评价。我作为出版社代表参会并发言。

中共中央党校(国家行政学院)一级教授、原副教育长兼哲学教研部主任韩庆祥教授表示：《修好共产党人的“心学”》一书“选题好”“框架好”“观点好”，它建构起共产党人“心学”形成的体系框架，是当代哲学工作者主动关怀和回应时代，推进党的创新理论学理化阐释的优秀成果。

中国社会科学院哲学所所长张志强研究员指出：《修好共产党人的“心学”》是一部内容丰富且完备的作品。在当前关于共产党“心学”的研究中，该书之所以引人注目，是因为它深刻地理解了传统文化，特别是阳明学，并对马克思主义及其党性教育实践有着深入的洞察，将这两个方面的知识融合得极为出色。

中共中央党校(国家行政学院)马克思主义学院专职副书记薛伟江教授表示：人民出版社出版《修好共产党人的“心学”》是出版界、理论界的一件大事，这本书是目前关于党性教育、党性修养理论的重要集成之作，比较系统地梳理了党性教育的理论渊源，对中国共产党人“心学”理论体系的构建进行了探索，为继续拓展和深化研究奠定了坚实基础。这部著作的学术意义和历史意义会有越来越多的人认识到，也将会引起越来越多的关注。

中国社会科学杂志社哲学编辑部主任莫斌表示：《修好共产党人的“心学”》一书是具有总体性、实践性的重要学术著作，也很好地展示了有组织科研的示范引领作用。

从专家的评价可以看出，召开新书发布会或研讨会的宣传方式，虽然传统，但的确有利于专家面对面地交流研讨，有利于媒体记者近距离地认识了解图书，有利于读者面对面地与作者切磋交流。另外，后续的媒体报道，也有了更翔实的资料。我们做书的过程中，要有选择性地对一些图书重点宣传，在资金、人力、时间允许的情况下，也可以选择大型或者小型的新书发布会或研讨会。

在新书发布会召开之后，我们通过人民出版社微信公众号等进行了选载，我写了篇《一部解读共产党人的“心学”特色读物》发表在长安街读书会的公众号上。我们必须重视新媒体的宣传作用。我听到这样一件事：某个出版社的编辑，专门为一本书建立了一个微信公众号，持续不断地对书的内容选载，推动了书的宣传。生活·读书·新知三联书店原总编辑李昕说，他退休之前，只要是三联出版的新书，他都在微博上发布，以至于很多三联的忠实读者，都去他的微博下面看出版了什么书。我们不能忽视微信公众号、微博等自媒体的作用，尤其不能忽视抖音等直播平台的作用。很多出版社开通了直播，通过直播带货卖书。疫情防控期间，各出版机构无法按原有方式推进工作，直播带货得到快速发展。主题出版必须紧跟这个时代，拥抱新技术，很多编辑认为主题出版面向的是党政干部，不需要那么多花样的宣传，这种观念是错误的。如今很多出版社在做主题出版，竞争加剧，如果我们还不重视宣传，就很容易被边缘化。这也说明，做主题出版的编辑要有竞争意识，真正认识到自己不仅要策划出好书，还要做好图书的宣传，把自己责编的书作为一个品牌去营销，将图书信息通过媒介传递给感兴趣的读者，从而增加图书的销量，扩大图书的影响力。

总之，《修好共产党人的“心学”》一书，是我做主题出版过程中出版的学习贯彻第二个结合的生动读物。中华文化博大精深，我们需要在这个宝库中继续挖掘资源，服务于中国式现代化建设。

13.

青年人是国家和社会的未来

——《问答青春》出版手记

一百多年前，李大钊先生曾热情洋溢地写下《青春》一文，“以青春之我，创建青春之家庭，青春之国家，青春之民族，青春之人类，青春之地球，青春之宇宙，资以乐其无涯之生”。这句话如今读来，仍让人心潮澎湃。青年人是国家和社会的未来，青年兴则国家兴，青年强则国家强，青年一代有理想、有本领、有担当，国家就有前途，民族就有希望。按照读者群体来划分，青年读者群是主题出版的重要对象，主题出版需要承担起社会责任，关注青年人，出版青年人爱看的书籍。给青年人出书，就是关注国家和社会的未来。

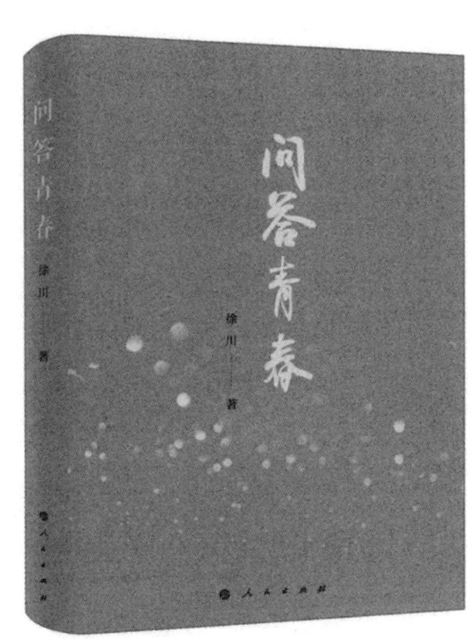

《问答青春》（2023）

习近平总书记十分重视青年工作、关心青年成长。“每年五四前后，这个时间我是留给青年人的，到年轻人中间和青年学生相处，到学校看看。”“我到任何一个地方都关心青年。”习近平总书记始终心系青年、关怀青年、倾听青年，并且，面对青年在人生道路上遇到的困惑和疑问，他也总是循循善诱，给出耐心细致的指导和帮助。市场上有一本书生动体现了习近平总书记与青年人的交往，这本书就是《习近平与大学生朋友们》。该书第一卷、第二卷用49篇“采访实录”忠实记录了习近平同志从地方工作期间到中央工作以后同各界高校青年学生交流、交往、交心的感人故事，以“当事人讲当年事”的形式展现了习近平总书记的“青年朋友圈”，为高校思政课提供了具有思想高度、历史厚度和时代亮度的生动教材。[①]

改革开放四十多年来，我们取得的成就有目共睹。但我们从身边的日常生活中也会发现，在社会快速发展的今天，面对各种新鲜事物、面对各种压力、面对各种声音，很多青年人会有各式各样的痛苦与困惑，比如毕业之后找不到工作，学历成了他们“脱不下的长衫”；很多青年人处理不好与父母、老师、同学的关系，有的甚至走向了自杀；大学生考试作弊，被抓住后羞愧难当；一些青年人面对剧烈的社会变化，无所适从，精神上颓废，萎靡不振，甚至得了抑郁症，影响正常的工作与生活；一些青年人认为自己面对的是信息茧房，感到自己获得的信息有限，而一些青年人则像身处百花丛中，不知道对信息如何选取；等等。我和《中国纪检监察报》的毛东红主任交流时，他就尤其关注青年人的心理健康问题，比如青年人的抑郁症问题。当然，乐观上进仍然是青年人的主流，但我们也应该直面存在的问题，不能当把头埋进沙子里的鸵鸟。

在这些思考的助推下，我就有了给青年人策划书籍的想法，希

① 刘佳：《〈习近平与大学生朋友们〉是思政课教学的生动教材》，载《中国青年报》2024年8月11日。

望通过书籍帮助他们成长成才，尽出版业的微薄之力。我与南京航空航天大学的徐川可谓“老朋友”，一起策划出版过《顶天立地谈信仰——原来党课可以这么上》一书。“南航徐川”公众号里的内容我经常看，里面的很多文章，都是跟大学生谈心的，语言接地气，幽默生动，不时在微信朋友圈里转来转去。在“南航徐川”公众号里，他以文字为学生答疑释惑；从高校辅导员到思政课教师，从党的十九大代表到《平“语”近人》主讲人，他以大众话语向公众传递思想，十几年积累，孜孜不倦。[①]我就有了向他约稿，把这些文章整理成书的想法。我跟他说明情况后，他告诉我，在公众号里的这些交流，已经形成了上百万文字的成果，他可以从中精选出 20 万字做成一本书——《问答青春》。

《问答青春》一书，围绕专业、学习、就业、考研、恋爱、选择、信仰等大学生成长过程中最关心、最经典和最容易引起困惑的话题，用年轻人喜闻乐见的方式娓娓道来，深入浅出，把“有意义”的事情讲得“有意思”，用“讲故事”的方式“讲道理”，是青春旅途中的贴心读本。作为深受青年人喜爱的同路人和陪伴者，该书作者坚持对所有青年人在线咨询 48 小时内有问必答，实现全天候陪伴，形成了逾 5000 万的阅读量，陪伴一批批青年人书写青春、成长成才，遇见最好的自己。

下面介绍一下这本书的策划感想。

第一，贴近学生生活实际。这是一本真管用的书。徐川的这些文章，是要解决学生身边问题的。在书中，徐川联系自己读书学习的经

① 徐川：《做一名让学生终生难忘的陪伴者》，见澎湃新闻：https://www.thepaper.cn/newsDetail_forward_16584611，2022 年 2 月 5 日。

历，联系自己的日常生活，跟大学生朋友谈一些入党、升学、恋爱、参加社团等话题，帮助大学生更好地学习与生活。从中可见徐川的良苦用心。徐川受邀为一些大学生做讲座时，经常分享他个人迷茫但不迷失自我，挫败却奋发图强的成长历程，以亲身经历鼓励同学们勇于挑战自我，在反复实践中挖掘并发现自身潜能，锤炼意志品格，从容应对大学生活中的迷茫与挑战，从而遇见和成就最好的自己。通过徐川的努力，很多大学生碰到升学、交友恋爱、选课追星、父母吵架时，都会第一时间想到徐川，去“南航徐川”公众号看看，寻找解决内心困惑的方法途径。我与徐川合作的图书还有《高校辅导员的七项修炼》，这也是一本面向大学生实际的图书，体现出徐川著作的一贯风格：没有哗众取宠，只有针对实际的方法建议，让过来人的经验做法像潺潺流水一样，只要你仔细品尝，就能受益匪浅。

徐川的这种努力，实际上体现出他对中央精神的贯彻落实。2016 年，在全国高校思想政治工作会议上，习近平总书记强调，高校思想政治工作关系高校培养什么样的人、如何培养人以及为谁培养人这个根本问题。要坚持把立德树人作为中心环节，把思想政治工作贯穿教育教学全过程，实现全程育人、全方位育人，努力开创我国高等教育事业发展新局面。2019 年 3 月 18 日，学校思想政治理论课教师座谈会召开，习近平总书记发表重要讲话。该书瞄准广大思政工作者最为棘手的“最后一公里”问题，围绕广大思政工作从业人员最为关心和最为烦恼的“脱节”问题，搭建理论与实践、学生与教师、线上与线下的沟通桥梁，打通思政育人“最后一公里”。徐川的这些实践，就是以他自身的努力，去以思政育人，解决总书记所说的“脱节”问题。

第二，连接党和国家的要求与学生真实的困惑，触及厚重的理论却采用轻巧的表达，在国家、社会与学生之间架起一座沟通的桥梁。思政教育的目的是润物细无声地把党和国家的要求输入学生的内心深处，成为他们行动的自觉。这就需要在党和国家的路线方针政策与学生实际生活之间，彻底打通。比如，为什么入党。“我有资格被发展为党员，但是还没想好。到底要不要入党？”2016 年，一名学生的困惑引发了徐川的思考。这成了《答学生问（二十）：我为什么加入中国共产党？》一文的缘起。“有很多同学一谈入党动机都是套话连篇，动不动就‘从小爷爷对我说’……我一度深深地怀疑，大家拥有同一个爷爷。”文章以现实而诙谐的方式打开。徐川从自己读大学时，学院党委书记不给亲侄女保研开后门谈起，层层深入地还原了自己对中国共产党和入党动机由感性到理性的认知过程。“这个政党的荣光与人民紧紧相依，未来的辉煌也必然有赖于此。”他写道，“我认为，如果一个学生没有强大的群众基础，不为同学全心全意奉献，做不到吃苦在前，享乐在后，他是没有资格入党的。”这篇文章被“人民日报”“共青团中央”等 300 多个微信公众号转载，总阅读量和辐射人群无从统计。[①]

第三，有真情实感。感人心者莫先乎情。我们阅读诗歌、小说等，最容易打动人的，就是真情实感。比如我阅读余华的《活着》，就感慨人生的不易。主题出版类的图书，若能写出感动人心的真情实感，就能走进读者的内心。图书的内容有真情实感，就会为图书增加很大的可读性。当然，这是有一定难度的。在徐川身上，我们可

---

① 刘亦凡、阿妮尔：《徐川：青春同路人》，载《中国教育报》2024 年 12 月 3 日。

以看到孔孟之乡儒家文化浸染的本真情怀、本色担当。他不做作，不端着，你阅读他的文章，感觉是他在和你平等地对话谈心。他像一个多年的朋友一样，坐在你的对面，抿着茶，把一些事情娓娓道来。人毕竟都是感情动物，在理性思考之外，也会被感动流泪，会对弱者表达同情，对暴力表达愤怒，对迷茫感到困惑，对强者感到畏惧。徐川在写作的过程中，可以说做到了与学生情感的同频共振，但这个过程是不失理性引导的。没有理性引导，图书出版就没了价值，学生们阅读后就没了收获。让学生沉浸在文字之中，然后引导他们拨开眼前的迷雾，做出正确的选择，走上一条正确的道路，这就是徐川《问答青春》一书的魅力所在。比如，徐川在书中说："生活确然是存在种种丑恶和谬误的，我们不是活在真空。但是，这个世界的主流和走向一定是更加光明，更加美好。因此，生活的种种丑恶和谬误并不是教我们做一个怀疑论者，生活也不是教我们整天生活在不信任的恐慌之中，生活不是教我们整日惶惶如在地狱。生活只是教我们做一个聪明的好人，不给坏人作恶的机会，不给好人受伤的可能，发现真善美，鞭挞假恶丑，这才是美好生活和美好世界。唯有如此，才可能不轻信、不盲从、不上当、不受骗，才可能遇到满腹经纶、学高身正的教授大师，才可能遇到慧眼识才的导演，才可能遇到感恩戴德的跌倒老太太，才可能遇到热心助人的警察叔叔……"

你看，这就是他基于真情实感的循循善诱。有一位读者读了这本书后，这样写道："几年来，我看过、听过太多'板起面孔说教'的班会课和思政课，教师欠缺与学生对话的意识和能力，学生强打精神'配合'教师把课上完（或者说'演'完），整堂课没有师生之间的思想交流、情感交融，即便玩出再多的花样、即便有高端技术的加持也感觉没有灵魂，缺少动人心弦的感染力。”是的，这本书是当前思政课教学的一个典型案例，它告诉我们，只有老师有真感情，才有可能感染学生，否则演得再好，也是空中楼阁，或者是建立于海滩之上的城堡，没有牢固的地基，经不起一阵阵浪涛的冲刷。

第四，语言的通俗生动。没有生动的语言，青年学生是不会喜欢阅读的。徐川写的书，有自己鲜明的语言风格，主要表现在，其一，通俗；其二，诙谐幽默；其三，善于使用比喻、拟人等手法。这是一种语言的力量。虽然图书以文字的形式呈现，不如语音、视频等声情并茂，但文字作为语言的一种形式，同样能够打动人。如今，很多视频、音频等将二维码嵌入书中，让读者在阅读文字、图片的同时，可以扫码聆听或收看，更是为发挥语言的力量提供了方便。关于语言力量的通俗读物，首选《平易近人：习近平的语言力量》一书，该书辑录了党的十八大以来习近平总书记系列重要讲话中富有特色的理念关键词，将其分为开篇、形象比喻、俗文俚语和诗文引用等四个篇章，对其进行语境、语源分析，并阐述其思想内涵、现实意义与社会反响，旨在从语言文化的角度为广大干部群众学习习近平总书记系列重要讲话精神提供一个读得进、记得住、用得上的读本。这本书选择了语言文化的角度，对我们做书也同样具有启发意义。

通过策划和编辑《问答青春》一书，我认为，要想出版一本青年人喜欢看的读物，首先就要贴近青年人实际找题目，然后在写作过程中，努力做到对党的理论和路线方针政策的解读，充分考虑到青年人的需求，在内容写作上用生动的语言，写出真情实感，再在图书的版式设计、封面设计上选择青年人喜欢的风格，就容易受到青年人的欢迎，策划出优秀的作品。我希望以后能为青年人策划出更多的好书，也希望更多的青年人投身于出版事业，为国家和社会做出贡献。

14.

主题出版不能忽视哲学这一块

——《辩证唯物主义党员干部读本》出版手记

主题出版不能忽视哲学这一块。我们必须重视哲学的学习，党员干部必须有一定的哲学修养。很多党员干部的思想困惑，源头上是因为看问题的角度和方法不对头。而学习哲学，正好有利于解决这个问题。哲学的价值并不在于它能直接给我们带来看得见、摸得着的物质利益，而在于它能培养我们的思维方式，让我们更好地认识自己，理解自己和世界的关系，思考生活的价值与意义，从而更好地应对这个不确定和复杂的世界。党员干部要从思想源头上重视哲学的学习。

《辩证唯物主义党员干部读本》
（2015）

2014 年我刚入社没几年，策划过《历史唯物主义党员干部读本》（郝立新、臧峰宇著），后来又和孙正聿老师约稿，策划了《辩证唯物主义党员干部读本》一书。

孙正聿是大家，是吉林大学资深教授，著作等身。我了解最多的是他写的《哲学通论》。正如孙正聿自己所言：“在我的已出版的作品中，《哲学通论》所产生的影响是最为广泛的，也是最为持久的。《哲学通论》之所以能够产生广泛而持久的影响，既是同它对‘哲学’的追问密不可分的，又是同它作为‘专著性的教材’而流传于世密切相关的。”

策划《辩证唯物主义党员干部读本》一书，既是作为《历史唯物主义党员干部读本》的姊妹篇，也是和关注到中央政治局的集体学习有关。

据新闻联播消息：

> 2015 年 1 月 23 日下午，中共中央政治局就“辩证唯物主义基本原理和方法论”进行第二十次集体学习。吉林大学孙正聿教授就这个问题进行讲解，并谈了意见和建议。中共中央政治局各位同志认真听取了他的讲解，并就有关问题进行了讨论。

从中可以看出，习近平总书记非常重视马克思主义哲学的学习。这就提出了一个现实的需求：如何为广大党员干部提供一本通俗的读物，让他们在学习新华社新闻稿之余，可以更加系统地学习辩证唯物主义？

另外，就辩证唯物主义为党员干部撰写通俗读物，孙正聿可以说是最合适的作者。

我是在单位安排的一次活动中，认识孙老师的。在活动的间隙，我陪孙老师爬八大处景点。八大处，位于北京市西山风景区南麓，为太行山余脉翠微山、平坡山、庐师山所环抱，因古建筑保存完好的八座佛教古刹而闻名；又以浑然天成的“十二景”而著称。古人曾形容“三山如华屋，八刹如屋中古董，十二景如屋外花园”；古人还评说“香山之美在于人工，八大处之美在于天然，其天然之美又有过于西山诸胜”。走在崎岖的山路上，一边欣赏着旖旎的风景，俯瞰着现代化的大都市，偶尔传来几声清脆的鸟鸣，一边听孙老师的谆谆教诲，他给我们讲做人做事的道理，讲做学问的具体方法路径。我记得孙老师讲过的一句话“做任何事情都要做到极致，做学问是这样，你们做出版也是这样”。可以说，这句话体现出孙老师的人生智慧，对我影响很大，我在出版工作中稍有懈怠时就会想起。孙老师很瘦，精神矍铄，谈吐间充满学者的深邃；他非常和蔼，没有任何架子，跟他聊天，感觉像跟自己的亲人聊天。我那时还不到 30 岁，在孙老师面前，一开始还很拘束，毕竟见到受人尊敬、崇拜的大学者，一般人都是缺乏底气的。

《辩证唯物主义党员干部读本》一书的撰写，是我邀请孙老师写的。当时的想法是，要以集体学习时的讲课稿为基础，进行扩充，更多地联系中国的实际问题，把辩证唯物主义的世界观和方法论讲清楚，让党员干部阅读后能提高看问题的能力。书稿内容不用太多，七八万字就行。该书的实际写作，是由孙老师和他的学生高超共同完成的，出版时也共同署名。

该书出版后，有一位网友这么评价该书：“这本书特别适合文化水平较低、有一定实际工作经验的广大县、区干部自修学习。一般的县、区干部学哲学，首先存在着两个问题。第一个问题是有一种畏难的心理，总以为自己水平低，学不懂哲学；第二个问题是学了哲学后有没有用，即哲学能不能解决问题。”在我看来，这位读者的评价是非常到位的，可谓一针见血。马克思主义是我们的指导思想，马克思主义哲学是每位党员干部都应该深入了解的，并且要用来解决工作中的实际问题。也就是说，只有“管用”，才能彰显其价值。但现实中很多人一谈到哲学，就觉得高深莫测，有畏难情绪，如同登山一样，仰望高山，心生敬畏，从而止步不前；另外一些人，觉得哲学就是苏格拉底式的争辩，属于空谈，没有什么实际用处。习近平总书记在主持集体学习时强调，辩证唯物主义是中国共产党人的世界观和方法论，我们党要团结带领人民协调推进全面建成小康社会、全面深化改革、全面依法治国、全面从严治党，实现“两个一百年”奋斗目标、实现中华民族伟大复兴的中国梦，必须不断接受马克思主义哲学智慧的滋养，更加自觉地坚持和运用辩证唯物主义世界观和方法论，增强辩证思维、战略思维能力，努力提高解决我国改革发展基本问题的本领。从习近平总书记的讲话中，我们可以认识到，马克思主义辩证唯物主义和历史唯物主义，不仅“管用”，而且还有“大用”。

出版完《辩证唯物主义党员干部读本》，孙老师比较满意。出版要像挖井一样深挖，才能挖到甘甜的泉水。发现了优秀的作者，就要挖掘其潜力，可以由出版一本书，到出版多本书，甚至出版一个系列，比如选集、全集等。本着这样的想法，我又问孙老师还有没有别的著作，可以给我们出版。于是孙老师把一个重磅学术著作交给了我——《改革开放以来的当代中国哲学史（1978—2009）》。我是发自内心地感谢孙老师！这是对我的信任。

《改革开放以来的当代中国哲学史（1978—2009）》(2019)

该书的撰写基于三个基本理念：一是“问题导向”，不是简单地以时间为序来叙述当代中国哲学的历程，而是抓住每一时期重大的哲学问题作为研究和叙述的聚焦点；二是“史论结合”，不是单纯地叙述当代中国哲学的历史进程，而是展现关于每一时期重大的哲学问题的理论探讨；三是“重在反思”，不是一般性地介绍和评论每一时期的哲学讨论，而是力求深入地反思这些哲学讨论中所蕴含的重大的理论问题，从而揭示当代中国哲学演进的深层逻辑。正是基于这三个基本理念，作者把《改革开放以来的当代中国哲学史（1978—2009）》设计为上、中、下三篇：上篇，“伟大的开端：解放思想的哲学与哲学的思想解放”；中篇，“范式的转换：返本开新的哲学与哲学的返本开新”；下篇，“共同的关切：创建中华民族的思想自我与塑造引导新的时代精神”。这样的撰写理念和叙述逻辑，既有其独到之处，也有其偏颇之处。独到之处在于其可能引发的对当代中国哲学史的深入理论思考，偏颇之处则在于其可能弱化了“史”的完整性和具体性。作为一种尝试，该书把这样一部作为“思想性的历史”的当代中国哲学史呈现给读者。

记得那年两会期间，孙老师来北京开会，在西郊宾馆传达室，我把《改革开放以来的当代中国哲学史（1978—2009）》的清样交给他，他拿回去后，认认真真地修改了一遍，改得密密麻麻。这体现出他做学问的严谨细致。孙老师是哲学研究大家，跟他打交道如沐春风，能学到怎么做学问、怎么做事、怎么做人。编辑工作，虽然很枯燥，但有意思的一点就是，可以跟很多学者、作家打交道，这是一笔财富。这些作者，都是成功人士，有着丰富的知识和人生阅历，有自己独到的思想和见解，我是非常乐意跟他们交流的，没有机会时就创造机会，每一次交流都是学习的最好机会，哪怕学到一点点，都是让人庆幸的好事。所以，在我看来，对于年轻人来说，做编辑是有利于个人成长与进步的，很多人不可能一生都做编辑，但若有那么一段编辑的经历，多少年后回想起来，都会觉得非常受益。在出版社工作几年后有一些进入机关工作的朋友跟我说，做图书编辑很锻炼人，不说别的，现在起草稿子，有错别字的话，一眼就能看出来。干一行爱一行，我个人认为，作为编辑要抱着谦虚谨慎的态度，多向作者学习，没事的时候，一起喝喝茶聊聊天，天南地北地扯一扯，说不定能相互激发出很多创意，成就一本好书！

做编辑的好处，就是能看很多书，跟很多人接触，既提高了思想境界，也提高了交往能力，还能通过编辑工作培养文字功底，形成严谨细致的品格。人民出版社的蒋茂凝社长曾在单位的一次会议上说过，一个社会，如果连编辑都不认真细致，也就没什么指望了。他说，编辑要做到文过我手无差错。这是对编辑的期待和要求，也是我们努力的方向。

值得一提的是，孙老师对我的工作非常支持。我责编的《顶天立地谈信仰——原来党课可以这么上》一书，当时要请专家写推荐语，我就怀着忐忑的心情，给孙老师打了个电话，说明白缘由。孙老师很爽快地应允，这让我既感到意外，又感到惊喜。哲学大家能为年轻人的尝试背书，对书的宣传营销是有很大促进作用的。

孙老师这样写道："该书是徐川等青年教师将党课进行通俗化、大众化的尝试，旨在以喜闻乐见的语言，使广大青年对共产主义、共产党、党章等有形象生动的认识。我愿意推荐给青年朋友阅读。"

我把孙老师的话印在《顶天立地谈信仰——原来党课可以这么上》一书的封底上。相信很多人看到这句推荐语，都会对该书萌发兴趣。孙老师对年轻人这种探索和尝试的鼓励和支持，让我们感受到春风般的温暖。众人拾柴火焰高。《顶天立地谈信仰——原来党课可以这么上》一书的成功，离不开老一辈学者的鼎力相助！

15.

要善于运用底线思维的方法

——《底线思维——中国共产党人的实践辩证法》出版手记

这本书是郝立新编著的，至今已经多次重印，销量 2 万册。我们知道，习近平总书记强调七种思维，底线思维是其中的一种。其他六种思维分别为战略思维、历史思维、辩证思维、系统思维、创新思维、法治思维。对于做主题出版的人来说，很多不会做这种小切口的书。很多人的做法是，策划一本书，把这七种思维系统介绍一下，就万事大吉了。很多人喜欢特别宏大的话题，比如改革开放 40 周年、新中国成立 70 周年、建党百年、党的二十大精神解读等。而我认为，一些小切口的话题，也值得深入解读，只要能真正解决党员干部的实际问题，就可以做出好书。

一、选题的策划过程

我与郝立新教授，是通过中国人民大学的臧峰宇教授认识的，当时我跟臧老师提议，写本《历史唯物主义党员干部读本》，臧老师就推荐当时担任中国人民大学马克思主义学院院长的郝立新教授。当时的缘起是，2013 年 12 月 3 日下午，中共中央政治局就历史唯物主义基本原理和方法论进行第十一次集体学习。中共中央总书记习近平在主持学习时强调，推动全党学习历史唯物主义基本原理和方法论，更好认识国情，更好认识党和国家事业发展大势，更好认识历史发展规律，更加能动地推进各项工作。

那时我刚从中国人民大学毕业没几年，大概是 2014 年，郝立新教授约我去他在中国人民大学的办公室，那是我第一次见到他。郝老师给我的印象是，有文化人的儒雅，有大学者的深邃，有长辈的平易近人。他不但谈了给党员干部撰写历史唯物主义通俗读物的重要性，认为当时中央就此题目进行集体学习，需要一本书系统普及历史唯物主义知识，还关心地问我住房问题。他还谈起自己刚工作时住房的简陋等。

《历史唯物主义党员干部读本》是我与郝立新教授合作的第一本书，发行了接近 4 万册。自此，也就建立起了紧密的联系。当我萌生要邀请专家学者撰写《底线思维——中国共产党人的实践辩证法》一书的时候，脑海里首先想到了郝立新教授。做主题出版，有想法很重要，但实际上，很多人也仅仅有想法，缺少的是合适的作者。或者说，即使有了想法，尝试联系了几位作者，但都不成功，也就不了了之了，半途而废。我也有很多这种情况。所以说，我们平常必须注意积累作者资源。我们的想法（idea）是需求，而作者资源是供给，供给和需求双方达到平衡的时候，就能很容易地完成选题的策划。

《底线思维——中国共产党人的实践辩证法》（2020）

作者的积累，在于日积月累，非一日之功。

《底线思维——中国共产党人的实践辩证法》于 2020 年 5 月由人民出版社出版。党的十八大以来，习近平总书记多次强调要善于运用底线思维的方法。把忧患意识与战略定力有机统一起来，以充沛顽强的斗争精神彰显使命担当，凡事从坏处准备，努力争取好的结果，有备无患、遇事不慌，牢牢把握主动权，这是坚持底线思维的实践辩证法。本书坚持以习近平新时代中国特色社会主义思想为指导，对坚持底线思维的重要意义、精神实质、实践要求、方法论自觉等进行了深入分析，系统介绍了经济、政治、文化、社会、生态文明、党的建设、国家安全、外交等领域如何坚持底线思维，对于广大党员干部形成底线思维的方法论自觉，勇于解决现实中遇到的困难和问题，提高工作能力，有一定帮助。

2024 年春节前后，我与郝立新教授一起吃饭，我提出了修订该书的想法。这本书市场反响很好，说明对党员干部解决实际问题，确实大有助益。修订该书，将中央最新精神加进去，将过时的内容删掉，非常有必要，并且，该书修订之后，有利于增加销量，毕竟谁也不会去买过时的书。郝立新教授组织团队进行了认真的修订。毫无悬念，新修订的版本于 2024 年 9 月进行了重印。

二、出版过程中应该注意的一些问题

第一，小切口的书，要写出精彩。习近平总书记强调，要提升思维能力，“切实提高战略思维、辩证思维、系统思维、创新思维、历史思维、法治思维、底线思维能力，做到善于把握事物本质、把握发展规律、把握工作关键、把握政策尺度，增强工作科学性、预见性、主动性、创造性”。这七大思维，是以思想见诸行动、理论指导实践为延展路径的思维形态，为前瞻性思考、全局性谋划、整体性推进党和国家各项事业提供科学思想方法。这七大思维，都是可以分别写成书的。人民出版社也出版过一套书，是由中共中央党校（国家行政学院）的专家撰写的，每一个思维写成一本书。我跟郝立新教授约稿后，他没有就这七个思维挨个写下去的打算，而是选择了底线思维。《底线思维——中国共产党人的实践辩证法》一书出版后，他又编写了《辩证思维——新时代共产党人的基本功》，我问过郝立新教授，为什么选择编写这两个思维？他说这两个思维，从哲学上进行分析是党员干部最需要的，也是最基础性的，其他的五个思维，要是每一个都写一本书的话，会与辩证思维、底线思维有比较多的重复。大家就是大家！这两本书市场反响都不错，说明郝立新教授组织编写的这两本书，的确具有学理性和实践指导意义，受到读者喜爱。

我为什么要策划《辩证思维——新时代共产党人的基本功》一书？习近平总书记指出：“要学习掌握唯物辩证法的根本方法，不断增强辩证思维能力，提高驾驭复杂局面、处理复杂问题的本领。我们的事业越是向纵深发展，就越要不断增强辩证思维能力。”当前中国进入新的发展阶段。挑战与机遇并存，如何在危机中育新机、于变局中开新局，是党员干部必须深入思考的重要问题。而提高辩证思维能力，系统全面地认识国内国外形势，对于统筹中华民族伟大复兴战略全局和世界百年未有之大变局，有重要意义。本书对辩证思维的含义、要求、如何运用等进行了理论阐释，结合经济建设、政治建设、文化建设、社会建设、生态文明建设和党的建设、外交和国际关系等进行具体领域的阐释分析，理论联系实际，对于广大党员干部有一定参考学习价值。

第二，起书名是一门艺术，要起得精彩。这两本书，我们都在主书名之外，加了个副标题，就是为了让读者了解该书的主旨和意图。这对于一本书的销售，是有帮助的。比如《底线思维》一书的副标题是“中国共产党人的实践辩证法”，它告诉读者我们这本书是写给党员干部看的，底线思维对党员干部的实践具有辩证法指导意义。再举一例，我出版过王义桅教授的一本书叫《“一带一路”：中国崛起的天下担当》，该书的主标题，可以说很普通，只告诉读者该书是在讲“一带一路”，而副标题是“中国崛起的天下担当”，则鲜明地告诉读者这本书的旨归。“一带一路”是中国贡献给国际社会的公共产品，是发展起来之后的中国主动承担的国际责任，是希望其他国家搭中国的便车，实现共同发展。

起书名是一门艺术，既涉及我们对图书内容的把握，也涉及我们的提炼能力，还涉及我们的语言功底。甚至可以说，有时候好的书名，来源于灵感。好的书名，既简洁又响亮，能让读者一下子把自己的需求，比如兴趣爱好，和书的内容对接上，读者容易记得住，书就容易卖得好。有个同事跟我说，我研究过你出的书，我发现书名都很出彩，所以你的书才卖得好。比如《做一个思想清醒的人——提升党员干部意识形态能力》，这个书名中“做一个思想清醒的人”，就让读者一下子领悟到意识形态问题的重要性，确实属于非常好的书名。

我们做书的过程中，一定要在拟书名上下足够的功夫。图书的出版有很多流程，策划编辑要重视拟定书名这个环节。书名就像人的名字一样，是图书的标签和识别码。我们要多思考、多提炼、多筛选，争取让书名为图书的畅销作出最大的贡献。

需要强调的一点是，图书的书名是不受著作权保护的。我出版王义桅教授的《“一带一路”：机遇与挑战》之后，国内某个出版社也出版了一本相同书名的图书。王教授问我，书重名，这个侵犯著作权吗？我咨询了法务部的同事，他们告诉我，书名不受著作权保护，重名构不成侵权。法律上是这么规定的，但我始终认为，做书，不到万不得已，不要重名，别人咀嚼过的东西，香不到哪里去。

第三，要写贴近人民生活、贴近党员干部工作实际的大众哲学。哲学只有贴近人民生活，才能为群众所喜闻乐见。只有把党的理论和路线方针政策中蕴含的哲学思维，讲清楚讲透彻，才能提高党员干部的工作能力和水平。主题出版要坚持以习近平新时代中国特色社会主义思想为指导，将哲学与人民群众的生活、党员干部的工作实际联系起来，才能让哲学富有生命力。郝立新教授在《当代中国马克思主义哲学创新发展的典范——深入学习领会习近平同志治国理政哲学思想》一文中指出，贴近群众生活、集中群众智慧、关注群众利益、表达群众诉求、使用群众语言，是大众哲学的基本特质。在当代中国，马克思主义哲学在时代化、中国化、大众化的进程中日益深入人心，逐渐融入广大人民群众的思维。习近平总书记治国理政哲学思想秉承了马克思主义哲学的立场观点方法，总结了人民群众的实践经验和智慧，是关注群众利益、贴近人民生活的大众哲学。

我一直认为，习近平总书记的讲话，可谓博大精深，只要深入研究，仔细品读，并应用于工作和生活中，就会发挥出理论应有的作用与价值，成为改变世界的物质力量。中国共产党人只有不断接受马克思主义哲学智慧的滋养，才能更加自觉地坚持和运用辩证唯物主义和历史唯物主义世界观和方法论，才能提高驾驭复杂局面、处理复杂问题的能力，才能把各项工作做得更好。习近平总书记反复强调七种思维，对我们的工作和生活是很有帮助的，尤其是底线思维。2019 年 1 月，党中央专门举办了省部级主要领导干部坚持底线思维着力防范化解重大风险专题研讨班。面对波谲云诡的国际形势、复杂敏感的周边环境、艰巨繁重的改革发展稳定任务，习近平总书记分析了要防范化解政治、意识形态、经济、科技、社会、外部环境、党的建设等领域的重大风险并提出了明确要求，强调："我们必须始终保持高度警惕，既要高度警惕'黑天鹅'事件，也要防范'灰犀牛'事件；既要有防范风险的先手，也要有应对和化解风险挑战的高招；既要打好防范和抵御风险的有准备之战，也要打好化险为夷、转危为机的战略主动战。"从中可见，底线思维对我们工作的重要性。这种贴近党员干部实际的话题，就是我们策划选题时需要重点关注的。

16.

以纪实文学服务于主题出版

——《独龙悠歌》出版手记

主题出版作为党的宣传工作的一种方式，理论性、故事性、可读性是其必须解决的问题。而纪实文学的形式是，用讲故事的方式，把道理融入其中，是主题出版应该努力的方向之一。自 2011 年工作以来，我就非常重视用纪实文学的方式宣传社会主义核心价值观，阐释党和国家的大政方针。我策划的最早的一本书是《爱，与你同在——芦山地震中的感动》，作者是陈新；2014 年，云南鲁甸发生地震，我又策划了《大爱无疆——鲁甸地震抗震救灾 100 个感人故事》，作者为中共云南省委宣传部、昭通市委。这是我用纪实文学探索主题出版的最初尝试。之后，《洗冤伏枭录——湄公河血案全纪实》一书出版，该书主要讲述我国公安干警跨国抓捕毒枭糯康的过程。该书作者为新华社记者邹伟，他立足于一线采访、客观记录、细致核实和深入思考，通过生动的笔触、丰富的细节、大量的图片，再现了惊心动魄、跌宕起伏的侦查、抓捕、

《爱，与你同在——芦山地震中的感动》（2013）

审判全过程，披露了案件背后不为人知的故事，展现了我国政府保护海外中国公民的决心。我在这里，主要以我 2019 年策划、2022 年出版的《独龙悠歌》一书为例，谈谈以纪实文学服务主题出版应该注意的问题。

一、选重大题材，以小见大，反映社会变迁

纪实文学是反映客观现实的一种新兴文学样式，也称为“报告文学”，是对经济、社会、政治、文化的真实记录。它以真实的姿态、现实主义的手法，客观书写真实的人和物，从而拉近我们和现实生活的距离。改革开放以来，尤其是新时代以来，我们的社会发生了翻天覆地的变化，各方面取得了显著成就，用官方的话来说，就是用几十年的时间走完了西方发达国家几百年的路,这个过程需要作家来记录、讲述、书写。我们不但要让读者体会到党的伟大、人民的伟大，而且要让国际社会更好地感知中国、读懂中国，展现可信、可爱、可敬的中国形象。可以说，纪实文学与时代的脉搏同频共振，纪实文学服务于主题出版，强调纪实文学创作的政治属性，意味着纪实文学创作的立场或价值观，与党和国家的主流是一致的，目的是服务于党和国家的大局，讴歌时代、讴歌国家、讴歌党、讴歌人民。这涉及文学与政治的关系。文学服务于政治，在我们党的历史上有光荣的传统。王蒙说：“一百年前，推动建党的陈独秀、李大钊、瞿秋白等人都是追求进步的大知识分子,他们的文学作品无不植根于深沉厚重的家国情怀。建党之初，党的力量和封建主义、帝国主义、官僚资本主义等反动势力相比是非常薄弱的，但中国共产党建立以及最终胜利的取得，靠的就是文化优势、信念优势、理论优势，靠的是中华优秀传统文化中和

共产主义相通的思想，如世界大同、天下为公等思想文化。”

当然，在纪实文学写作的过程中，作家以自己敏锐的洞察力，能在观察社会的过程中发现需要改进的问题，更能推动社会进步。这是文学服务于政治的更高一个层面。

因此，这意味着，纪实文学题材的选取尤其需要慎重。我认为，需要注意以下几点：第一，符合主旋律，体现鲜明的价值导向，符合社会主义核心价值观，健康向上，传播正能量。社会主义核心价值观内容是富强、民主、文明、和谐，自由、平等、公正、法治，爱国、敬业、诚信、友善，从国家、社会、个人三个层面对社会的价值取向作出规定。主题出版应该以体现社会主义核心价值观为内核，服务于党和国家工作大局。第二，反映社会变迁，折射发展进步，以小见大，见微知著。中国共产党成立 100 多年来，新中国成立 70 多年来，改革开放 40 多年来，我们党带领中国人民推动国家和社会发生了翻天覆地的变化，中华民族实现了站起来、富起来，并迎来了强起来的伟大飞跃。党史、国史、改革开放史、社会主义发展史，虽然都需要宏大的叙事，但也需要很多细节来反映其变化。第三，有故事，有情节，易写作。纪实文学的故事性增加了其可读性和吸引力。纪实文学选取的题材，可以说浩如烟海，但那些有故事性，有丰富情节的，却需要深入挖掘才可能获得。中央强调作家要深入生活、深入群众的缘由之一，就是唯有如此才能挖掘出具有感染力的故事。坐而论道不如起而行之，靠坐在电脑前畅想不能写出优秀的作品。

《独龙悠歌》一书，选取的题材是云南省怒江傈僳族自治州贡山独龙族怒族自治县的独龙族脱贫攻坚的事迹。独龙族是我国 28 个人口较少的民族之一，主要聚居在滇藏交界、毗邻缅甸的贡山县独龙江河谷，属于跨境民族。新中国诞生时独龙族仍处于原始社会末期，直到2018年底，独龙族实现整族脱贫，迈入小康。2019年4月10日，习近平总书记给云南省贡山县独龙江乡群众回信，表示衷心的祝贺！并鼓励说："脱贫只是第一步，更好的日子还在后头。"各族人民备受鼓舞，激发出实现乡村振兴的巨大热情。

《独龙悠歌》（2022）

独龙族的老县长高德荣，是一个有故事的人，他的事迹让我感动，也让《独龙悠歌》一书的作者王鸿鹏感动。高德荣始终心系独龙族的脱贫致富，为独龙族群众与其他兄弟民族一道过上全面小康生活做出了不懈努力，由此，他也得到了当地人民的认可，得到了党和国家的褒奖。2015年10月13日，他获评全国敬业奉献模范称号。2016年10月16日，获得2016年全国脱贫攻坚奖。2019年9月17日，国家主席习近平签署主席令，授予高德荣"人民楷模"国家荣誉称号。2019年9月25日，高德荣获评"最美奋斗者"个人称号。

我当初之所以关注这个题材，是因为想从一个小的角度切入，展现新时代我国脱贫攻坚、全面建成小康社会的辉煌成就。从民族关系的角度来说，全面建成小康社会，一个少数民族也不能少，他们是中华民族大家庭的一员，理应共享荣光。并且，总书记特别关注独龙族的脱贫。我就有了策划一本相关图书的想法。这个想法得到了时任云南省委宣传部文艺处字开春副处长的大力支持，并愿意帮着联络，提供一些便利。可以说，没有他的慷慨相助，我和作者王鸿鹏是难以顺利完成这个任务的。虽然在不同的岗位，但字开春同志与我们志同道合，关注少数民族脱贫成果的宣传！

二、选好作者，深入挖掘，讲好故事

纪实文学的特点在于纪实，这就意味着，作家在写作的过程中，自己的想象力以及由此衍生的虚构能力受到了限制。纪实文学并不完全排斥虚构，但对虚构有严格的要求。核心故事、重要情节等都不可以虚构，要实事求是。同时，纪实文学必须有可读性，这就类似于戴着枷锁在跳舞。所以说，写好纪实文学，就要掌握大量的素材，并在此基础上进行文学化加工——进行“生活还原”。让“真实”有更多的艺术性，有更强烈的感染力。

为更好地完成这一主题创作，作者王鸿鹏以一种强烈的责任感，数次前往独龙江，挂职深入生活，研究大量史料，经过两年多的精心付出，终于完成这部力作。他跟我讲述在采访的过程中，汽车在山路上行驶着，看到前面有水流下来，司机说“不好”，一加油门冲过去，只听后面轰然一声，泥石流下来了。虽幸运地躲过了险情却心有余悸。他跟我讲述如何深入生活，如何说服高德荣同意他贴身采访，在高德荣家里彻夜长谈，一同走访群众和参加修路施工。由于作者深入生活的感受比较深刻，所以作者在作品中的讲述也就更加真实生动感人。我记得高德荣有次来北京出差，他想来人民出版社跟我聊聊，我当时有点受宠若惊，因为他快七十岁了，还是名气这么大的人物，而我不过是三十刚出头的编辑。很不巧的是，我正好在新疆伊宁出差，参加原文化部部长、著名作家王蒙的一场学术研讨活动，就错过了，真的非常遗憾。但可以看出高老的真诚以及对策划这本书的支持。这也让我感到，做编辑还是很有价值感和存在感的。

王鸿鹏跟我是老乡，他是济宁人，我是临沂人。我与他原本并不熟悉，没有什么交集。他写了一部长篇报告文学作品《中国机器人》，2017年获得第十四届中宣部精神文明建设“五个一工程”优秀图书奖，名气很大，颇有影响力。我历来是关注这些获奖图书的，因为它们就是我学习的榜样。我看到这本书后，就通过各种渠道，与他取得了联系。记得那是个冬天，他到北京出差，晚上九点左右，告诉我下榻的饭店，我就打车过去，我们在酒店楼下的一个小饭馆相聚，没有点菜吃饭，但每人要了杯豆浆，海阔天空地聊了一个多小时，大有一见如故、相见恨晚之感。王鸿鹏早年在军队从事政治工作，曾任师宣传科科长，后转业到济宁市委宣传部。在长期的宣传工作磨炼中，他文字功底扎实，语言优美，善于讲故事，是一位优秀的纪实文学作家。他有山东人的特点，为人朴实，待人诚恳，做事认真，诚实守信，每一次与他在京小聚，我都如沐春风。他还有一个特点是肯吃苦，这一点，我觉得对于纪实文学作家来说，也是不可或缺的。因为报告文学被称为“行走的文学”。宝剑锋从磨砺出，梅花香自苦寒来。他白天采访调研，晚上加工整理，可以说，创作绝对是个辛苦活，不是拍拍脑门、心血来潮就可以的事。也许是军旅生涯的长期历练，他骨子里总有一种不计得失的奉献精神，让我感动。他认为，这个题材非常有意义、有价值。他表示，要全力以赴用笔记录下一个民族的苦难史、成长史，给独龙族立传，即使冒着生命危险也要采访到位，再多的付出都值得！听他这么说，我当时很感动。我说，这本书估计没多少稿酬。他说，没关系，有些事比挣钱更有价值、更有意义。可以说，他是一位具有浓浓家国情怀的作家！这也说明，对图书编辑来说，一个很重要的任务，就是去发现作者，与作者交朋友，让合适的作者去写合适的选题。编辑是处于社会关系之中的联络点，其“做嫁衣”的职业属性，意味着我们不可能“大门不出，二门不迈”，就能策划出很好的图书，就能跟作者进行良好互动。并且，与一位作者打交道的过程，就是一个学习的过程，“三人行必有我师”，何况作者大多是社会优秀人物！不是每个人都能写书呀！

王鸿鹏在书中讲述了独龙族近代史上各个代表性人物的故事。这些散落的故事，如同珍珠，经过王鸿鹏的打捞，穿针引线，最后成为一条珠光闪闪的项链，成为艺术品。在惊叹于作家巧夺天工的同时，我也感受到独龙族遭受的苦难真的太多了。封建势力、帝国主义、官僚资本主义等，给独龙族带来的都是压迫，只有经过中国共产党领导的新民主主义革命，才彻底推翻了“三座大山”。一本图书，再现了一个少数民族的苦难史、奋斗史，很了不得。

作者王鸿鹏在扉页写下这样的题记：“为一个百年讲述，为一条江河吟唱，为一个民族立传。”我在该书出版后，在公众号里写下这样的句子：“百年来独龙族的苦难史，也是一部成长史，但没有《百年孤独》，而是通往了繁荣昌盛。”马尔克斯的《百年孤独》一书，描写了布恩迪亚家族七代人的传奇故事，以加勒比沿岸小镇马孔多的百年兴衰，反映了拉丁美洲一个世纪以来风云变幻的历史。“家族里的第一个人被绑在了树上，最后一个人正被蚂蚁吃掉。”这是《百年孤独》里最魔幻的一句话，概括了这个小镇的历史。王鸿鹏的《独龙悠歌》，属于纪实文学，不能用马尔克斯的魔幻现实主义手法，但他写得生动，告诉我们独龙族并不孤独，从而展示了中国共产党带领少数民族群众从落后到跟上时代步伐的非凡经历。

因此，该书的一个特点就是，他不仅关注高德荣这种大人物，更关注很多默默无闻的人、关注人间烟火。历史是由人民群众书写的。我们要重视杰出人物的历史作用，也要关注那么多普通群众的生活奋斗史。一个时代之下，普通群众各有自己的冷暖，各有自己的奋斗经历，他们或成功或失败，都是时代的缩影。一粒沙里一个世界，这提醒我们，主题出版应该有关注社会普罗大众的情怀，注意从小切入点来反映社会的发展进步。

三、编辑过程中应该注意的问题

纪实文学的编辑过程，跟其他作品一样，首先应该关注作品的政治性，把好作品的政治关。然后在字、词、句等方面，改正错误，文通句顺。前面已经多有论述。

这里想要强调的是，相对于其他作品，纪实文学的编辑出版过程，需要特别关注的是书稿内容的真实性。重要时间、地点、人物、事件不能虚构，意味着我们编辑书稿的时候要仔细核对。我和同事池溢、王新明在编辑该书稿的过程中，发现很容易出现人名、地名前后不一致的现象，在与作者沟通后都得到很好的解决。重要事件的时间、地点等，比如总书记回信的时间、内

《陆上行舟——一个中国记者的拉美毒品调查》（2020）

容，我们都跟新华社的通稿对比，防止出现疏忽。

在编辑纪实文学的过程中，要关注写作框架结构。对于主要人物，要给足笔墨，多写特写，让人物丰满起来；故事情节讲述上要看看是否完整、是否引人入胜；一些用词是否规范，是否存在夸大其词、容易引起读者反感的地方，警惕“新婚之夜抄党章”这种低级红、高级黑。

要有配图意识。人民美术出版社原社长汪家明说：“汉语以‘图书’统称出版物，正说明无‘图’不‘书’。”“在我的‘书梦’中，是无法把书与插图分开的。”“即便是一些不太被人看重的小说，如《初升的太阳》《远离莫斯科的地方》《铁木尔和他的队伍》等，也都因了其中的一两幅插图，使我总不能忘记。”[①] 这说明，插图或者图片对于一本书的重要性。为了让读者对独龙族有更加形象的认知，我建议王鸿鹏选配十多张高清照片，作为彩插放在书里。图片比文字更加直观，能让读者对独龙族的地形地貌、风土人情有视觉上的直观感受，对独龙族有基本的印象，从而产生阅读该书的兴趣。这说明，纪实文学的出版，不可忽视图片的使用。图片用得好，能起到事半功倍的作用。插图、漫画等，也可以考虑使用。

四、主题出版应更多使用纪实文学的方式

《独龙悠歌》一书出版后，《北京日报》《中国纪检监察报》等都进行了报道，产生了很好的社会影响。该书入选第六届山东省“泰山文艺奖”（文学创作奖）。通过该书以及同类型图书的探索，以及对当前我国主题出版的观察，我认为，策划编辑应该认识到纪实文学

① 汪家明：《美术给予我的》，广西师范大学出版社 2023 年版，第 226 页。

的重要性，主题出版应该更多地使用纪实文学的方式。纪实文学具有情节性，能够吸引人。用讲故事的方式讲道理，读者在阅读故事的过程中能潜移默化地受到影响。纪实文学的题材来源都是真实的，具有可信性。真实的东西让人信服。纪实文学的作者大多为作家，他们文笔一般更加优美，写出来的东西具有更大的可读性。总之，新时代以来的中国，涌现出许多可歌可泣的典型人物，把他们的事迹用纪实文学的方式展现出来，就能具有很好的教育意义，是培育和践行社会主义核心价值观的生动教材。

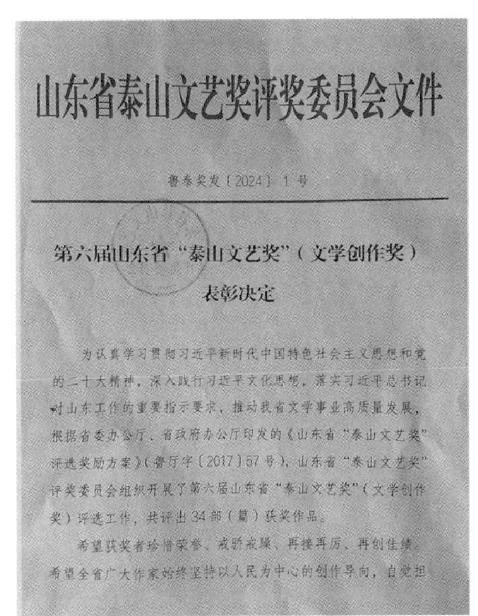

山东省泰山文艺奖评奖委员会文件

鲁泰奖发〔2024〕1 号

第六届山东省“泰山文艺奖”（文学创作奖）
表彰决定

为认真学习贯彻习近平新时代中国特色社会主义思想和党的二十大精神，深入践行习近平文化思想，落实习近平总书记对山东工作的重要指示要求，推动我省文学事业高质量发展，根据省委办公厅、省政府办公厅印发的《山东省“泰山文艺奖”评选奖励方案》（鲁厅字〔2017〕57 号），山东省“泰山文艺奖”评奖委员会组织开展了第六届山东省“泰山文艺奖”（文学创作奖）评选工作，共评出 34 部（篇）获奖作品。

希望获奖者珍惜荣誉、戒骄戒躁、再接再厉、再创佳绩。希望全省广大作家始终坚持以人民为中心的创作导向，自觉担

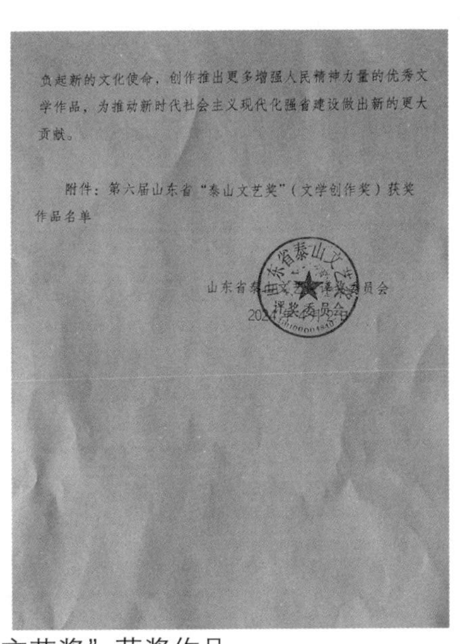

负起新的文化使命，创作推出更多增强人民精神力量的优秀文学作品，为推动新时代社会主义现代化强省建设做出新的更大贡献。

附件：第六届山东省“泰山文艺奖”（文学创作奖）获奖作品名单

山东省泰山文艺奖评奖委员会

第六届山东省“泰山文艺奖”获奖作品

附件

第六届山东省“泰山文艺奖”（文学创作奖）

获奖作品名单
（以作者姓名拼音首字母为序）

长篇小说

《一号战车》初曰春

《四通鼓》夏龙河

《美人如草》杨袭

《南风歌》于琇荣

《国土大铝》张力

中篇小说

《墨驰记》阿占（王占筠）

《云深不知处》李晓萌

《茶王》钱幸

《人字梯》王玉珏

《发卡》张杰

短篇小说

《黄昏后跳舞的人》孟祥鹏

《芬芳》孙孟媛

《错行》王良瑛

《小羊咩咩》一半（李玉梅）

《七色土》周燊

诗歌

《鹿群穿过森林》窦凤晓

《另一种雪》苏雨景

《下垂的时间》王峰

《超现实的雪》夏海涛

《大风劲吹》紫藤晴儿（张楠）

散文

《血脉之河的上游》李登建

《泰山何以独尊》鹿锋

《海上书》王月鹏

《你是我的好朋友》赵峰

报告文学

《家住黄河滩》逄春阶朵拉图（董立涛）

《泰山脊梁》齐欣（齐德友）

《最后的牛耕部落》孙丰刚

《独龙悠歌》王鸿鹏

《黄河传》张中海

儿童文学

《星星的摇篮》安亦然（杨名）

《恐龙德克之乌鸦令》黄鑫

《相遇，白桦树》魏晓曦

《天水谣》张冠秀

《手机里的孩子》周昕

17.

以外国人的视角分析中国经济

——《别误读中国经济》出版手记

这是一个大时代！

罗思义，现任中国人民大学重阳金融研究院高级研究员，观察者网特约作者，英国学者、记者、博客作者、跨国公司顾问及经济评论家、社会主义政治活动家。曾任伦敦市长肯·利文斯通的经济顾问，英国伦敦市经济与商业政策署署长等职。

罗思义经常写一些文章，发表在观察者网、人大重阳的公众号上，这些文章多涉及中国经济问题，从经济学角度谈对中国经济和世界经济的看法。文章主要基调是看好中国经济。他还于2016年出版过《一盘大棋？中国新命运解析》（江苏凤凰文艺出版社）一书，反响不错。而我，一直认为讲好中国故事，不但要中国学者出工出力，其他国家的学者要是能从他们的角度，谈谈对中国的看法，这将更容易获得国内和国际读者的理解与认可。基辛格的《论中国》，傅高义

《别误读中国经济》（2018）

的《邓小平时代》，在国内图书市场上都是有名的畅销书、常销书。我就萌生了找罗思义约稿的想法。其他国家的学者谈中国，可以避免“王婆卖瓜，自卖自夸”，也就是因为他们的身份特殊，所以可信性更强；他们的写作方式、语言风格、写作内容，更符合外国读者的口味，不会存在文化隔阂的问题。因此，做好主题出版，也要善于发掘国外作者，借嘴说话。“大国海洋战略译丛”这种引进版的图书，有利于我国海洋强国建设；向外国作者直接约稿，先出中文版，再考虑出英文版，在中国的世界影响与日俱增的今天，何尝不是一条值得尝试的可行途径？

我记得是通过人大重阳金融研究院的刘英与罗思义联系上的。我和罗思义第一次见面，是在中国人民大学东门的文化大厦，是在人大重阳金融研究院，当时刘英当翻译。罗思义给我的印象是，非常睿智和平易近人。我把想法向罗思义表达之后，他觉得非常好。罗思义介绍，他是用英文写作的，由助手帮他翻译成中文，在中文网站上发表。据他了解，很多中国读者喜欢读他的文章，这让他非常高兴。他写的文章很多，但他不了解中国读者的想法，不知道出版成书的话，中国读者希望看到什么，这让他很困惑。我跟罗思义讲，我做了六七年的编辑，我了解中国读者的需求，我策划的《“一带一路”：机遇与挑战》，获评“2015 中国好书”，卖了接近 20 万册；我来帮您编辑整理文章，然后您再审核，看看是否合适。我向他建议，书的内容就是围绕如何看待中国经济，如果稿子不够的话，可以再特意写几篇。后来，书的框架是我设计的，内容是收录了他发表在网络上的文章，整理工作是我做的。罗思义对书的框架和内容的取舍非常满意，认为这些文章聚焦中国经济的主题，全面地展现了他近几年的所思所想。

《别误读中国经济》一书的书名，是非常有创意的。编辑的工作中，起好书名是很重要的一环。为了起好书名，编辑不但要了解书稿内容，而且要了解市场需求，更要与作者多沟通。这个过程中，可以拿出几个方案，仔细推敲。《别误读中国经济》一书的书名，我记得是人大重阳金融研究院的王文院长起的。我起初起的叫《一位外国学者眼中的中国经济》，显然不如这个书名响亮。不得不承认，王文院长的眼光很独到！

该书后来在天津人民出版社出版。我与时任天津人民出版社副总编辑的王康熟悉，就将该书介绍了过去。该书入选中宣部年度主题出版物，还被天津市列为重点出版物。该书出版时，印在勒口上的内容简介如下：

世界经济格局在变，发展格局也在变，而中国正在成为影响经济发展趋势的关键要素。此时此刻，中国进行着各种改革试验：无论是党中央的治国理政新理念新思想新战略，还是中国经济新常态、供给侧结构性改革、“一带一路”倡议，都彰显出中国领导人正在不断推动经济持续健康发展。

本书从经济学的角度，以外国人的视角分析中国经济成就达成的各项因素，多角度、深层次地细化研究中国经济与世界其他经济发展强国的发展指数，并结合党的十九大精神，评价了中国经济出现的新现象及重要话题，解析中国多项经济战略部署的阶段进展与发展前景。本书跳出中国人的习惯性思维，分析中国经济的新发展新成就，对于广大读者深化对中国经济改革的理解，以及提振对中国经济发展的信心，具有积极的导向意义。

可以说，这本书的内容简介，凝练、生动地展现了本书的特色：第一，外国人的视角；第二，跳出中国人的思维习惯；第三，有利于提振对中国经济的信心。不得不说，对于一个编辑而言，不但要做好选题的策划，还要有一定的文字功底，比如撰写图书的内容简介等。内容简介有利于读者快速地了解该书内容，能起到很好的广告宣传作用。内容简介的写作，我认为，语句要精练，有高度的概括性，二三百字把内容讲清楚；要言不烦地指出该书的特色，特色是一本书的卖点，没有特色的书没人阅读、购买；逻辑要清晰，让读者明白具体是怎么回事；等等。内容简介一般印在勒口或封底上。我喜欢印在封底上，这是因为现在的图书，大多进行塑封，如果不拆开塑封的话，在封底上更容易看到内容简介，而在勒口上则不容易被看到。我们要时刻站在读者的角度，对图书进行装帧设计。

北京大学新结构经济学研究院院长林毅夫为该书撰写了推荐语：“罗思义作为一位英国学者能够摆脱西方主流学界和媒体的偏见，从历史唯物主义和国际大格局的视角，客观分析中国的现象和意义，实属难能可贵。”林毅夫作为著名经济学者，能为该书撰写推荐语实属难得。

中国社会科学院政治学研究所所长房宁的推荐语是：“罗思义教授新著《别误读中国经济》，虽然分析对象是经济，但从政治学专业角度看，该书在摆脱、批判西方当代政治学理论教条和新自由主义经济学窠臼上，有较大的理论突破。其分析视角、前提假定、论证方法等，在学理上都有较大的创新意义和理论价值。”

推荐语也是图书广告的一种有效形式。名人或专家撰写推荐语，是为一本书做信誉保证，能让读者对这本书产生更多的信任。所以，图书编辑一定要有这种请名人或专家推荐的意识,并且一定要找对人。要是撰写推荐语的人没有一定的分量，对这个领域不熟悉，那就没有邀请的必要，否则只会画蛇添足。撰写推荐语的人，人品要信得过，有些专家生活不检点，很容易弄出负面舆情，千万不要邀请他们撰写推荐语，否则会连累一本书。推荐语的写作，内容一定要精练，用最少的语言，把图书的特色表现出来。落款要注明身份。推荐语一般印在封底、腰封或者扉页上。我觉得，印在封底或腰封上更方便读者阅读。当然，推荐语有五六条以上时，最好印在扉页上。否则，太多的推荐语堆积在封底上，也起不到应有的宣传作用。

该书出版后，罗思义继续深入研究中国问题。2021 年 6 月 3 日，罗思义的新书《伟大的中国道路——对马克思主义理论和社会主义实践的启示》（*China's Great Road—Lessons for Marxist Theory and Socialist Practices*）在纽约发布，发布会由人民论坛主办召开。此书收录了罗思义在 2010 年至 2021 年间发表的十篇文章，这些文章对过去几十年里中国的经济、外交政策进行了全面清晰的分析。

2023 年 6 月，罗思义获得第十六届中华图书特殊贡献奖。他说：“拙著《别误读中国经济》中的大部分文章（这对我获奖至关重要），原发表于观察者网。观察者网还发表了我的许多其他文章。在此我要感谢观察者网的编辑和发行人，他们不仅发表我为普通读者所写的文章，而且有时也发表我写的一些关于经济议题的长篇技术文章。如果没有这些技术文章，我的诸多著作就不可能问世。”

2024 年 9 月 30 日，罗思义获得 2024 年度中国政府友谊奖。国务委员谌贻琴向获奖外国专家颁奖并讲话。谌贻琴在讲话中指出，新中国成立以来，中国共产党领导人民创造了举世瞩目的中国奇迹，特

JohnRoss431

23-6-15 16:58 发布于 上海 来自 微博网页版

+关注

昨天，我成为第十六届中华图书特殊贡献奖获奖人之一——中华图书特殊贡献奖是国家新闻出版署主办的出版界最高涉外奖项。拙著《别误读中国经济》中的大部分文章（这对我获奖至关重要），原发表于@观察者网。《观察者网》还发表了我的许多其他文章。在此我要感谢《观察者网》的编辑和发行人，他们不仅发表我为普通读者所写的文章，而且有时也发表我写的一些关于经济议题的长篇技术文章。如果没有这些技术文章，我的诸多著作就不可能问世。🔗二十位第十六届中华图书特殊贡献奖获得者与中国的故事

别是进入新时代以来，在以习近平同志为核心的中共中央坚强领导下，中国发展取得历史性成就、发生历史性变革。广大外国专家为中国现代化建设作出了突出贡献，中国人民将永远铭记。谌贻琴表示，中国将全面推进中国式现代化，聚天下英才而用之。进一步全面深化改革，持续完善海外引进人才支持保障机制，为外国专家提供广阔舞台和更多便利。衷心希望广大外国专家继续做中国式现代化事业的建设者，共同谱写中国人民同世界各国人民友谊与合作的新篇章。

罗思义在观察者网发表的感悟中写道：

> 我这一生都想做一些有益于人类的事情。当我成年后，我才明白，某个国家的局势在某个时间点对于全人类的进步具有决定性意义。18 世纪末爆发的法国大革命改写了欧洲的历史，1917 年的俄国革命改变了世界政治格局，20 世纪后半叶到 21 世纪初的中国决定世界的未来。

这意味着，人类是向前发展还是向后倒退，将由中国人民决定。习近平从中国的角度指出："在五千多年的文明发展历程中，中华民族为人类文明进步作出了不可磨灭的贡献……我们的责任，就是要团结带领全党全国各族人民，接过历史的接力棒，继续为实现中华民族伟大复兴而努力奋斗，使中华民族更加坚强有力地自立于世界民族之林，为人类作出新的更大的贡献。"

但从非中国人的角度来看，这意味着全人类的利益与中国人民实现民族复兴息息相关，而只有走中国特色社会主义道路才能实现中华民族伟大复兴。所以，我会尽我所能在中国实现民族复兴的过程中作出自己的贡献，无论我的力量多么微小。如果我所做的事情对中国有用，那么意味着对人类也有用。中国政府颁发这个奖项给我,表明我所做的事情至少在某种程度上对中国有用。因此，我无法想象还有什么比这更让我满足的了。

从罗思义获得的这些奖项来看，我当时策划并推动《别误读中国经济》一书的出版，是非常正确的。罗思义通过观察中国问题不断获得殊荣，我们做主题出版的，要为这些敢于为中国发声的外国学者提供平台和传播渠道，让他们的声音被更多的人听到。人的一生要做一些有意义的事情。编辑就是要通过与作者的合作，为推动时代的发展进步作出贡献。

"世界潮流，浩浩荡荡，顺之则昌，逆之则亡。"罗思义虽然是一个外国人，但他看到了这个世界的潮流与发展趋势，于是他执着于中国问题的研究，并被中国官方所认可和褒奖，这也提醒我们，图书编辑一定要有大格局，多研究世界和人类的发展趋势，这样才能让自已策划的图书，跟上时代，也有可能引领时代。

对于我成功策划《别误读中国经济》一书，罗思义对我也多次表示感谢。他是我很好的朋友，他每写一篇文章，都会发给我。我一般用中文给他回复。他说，他有个软件，虽然他不懂中文，但软件能帮他翻译成英文。期待罗思义能写出更多优秀的作品，让更多中国读者及国际上关心中国的人士了解中国！

18.

为一幅有关党史的画专门出版本书

——《〈良宵〉的故事》出版手记

这是我请青年作家曹永胜撰写的一本报告文学，记录了画家刘宇一3次创作《良宵》的历程及其背后一系列动人心魄、催人奋进的故事。该作品将人物还原到具体的历史场景，以典型的细节描写凸显人物形象，增强了作品的艺术感染力，体现了作者穿透历史的洞察力。

《良宵》是画家刘宇一创作的著名油画。该画生动地再现了新中国成立后的第一个中秋之夜，党和国家领导人、民主党派人士及群众代表共庆佳节，党和国家蒸蒸日上、民族团结和睦、人民幸福安康的温馨祥和景象。该画在中国美术史上有较大影响，现陈列在毛主席纪念堂。

《〈良宵〉的故事》（2021）

一、为一幅画写一本书

跟刘宇一认识，源于刘宇一请代理人与我联系，想出版一部画册。我虽积极推动，但由于种种原因，未能出版，非常可惜。在这个过程中，我和刘宇一教授打交道多了起来，对他的认识也更加具体。

刘宇一是中国油画市场的开拓者与领跑者，20 世纪 90 年代，他的画作进入国际艺术市场后，在香港先后 4 次打破亚洲油画拍卖纪录。1993 年至 1997 年，刘宇一的四幅作品《良宵》《女娲之歌》《瑶池会仙图》《良辰》先后以 836 万港元、888 万港元、1080 万港元、2300 万港元的价格成交，创下当时华人画家画价最高纪录（屡次刷新自己的纪录）。

他的画作深受人民喜爱，著名画家刘海粟先生曾这样评价刘宇一："一管擎天笔，千秋动地歌。"华罗庚先生称赞他"写真出真、求实得实"；丁玲先生称他的肖像系列油画"为我国肖像画史上实属罕见的创举""具有可以传世的文献价值"；赵朴初先生称他"下笔如有神，唯妙复唯肖，岂是面目真，直是肝胆照"。

有一次刘宇一教授请时任人民出版社总编辑辛广伟和我去他位于香山脚下的画室参观。我们看到那么多高水平的画作，画作中都是毛泽东、周恩来、邓小平等党和国家领导人，由衷地佩服。那些画作中就有《良宵》。刘教授着重向我们介绍了《良宵》，他为这幅画感到十分自豪。辛广伟总编辑就萌发出这么一个想法：何不就这幅画专门写一本书？为一幅画写一本书，这个创意让我非常佩服。刘宇一教授当时快 80 岁了，自己执笔显然不太现实。专业的人干专业的事情。于是，我就想能不能请一位年轻的作家来对刘教授进行采访，收集资料，具体执笔，这样或许可行性更大。

辛总安排我具体负责这些事情。一开始我很发愁，感觉一头雾水。要请的作家，得对画作感兴趣，对党史有一定了解，有一定的纪实文学写作经验，还得有足够的时间来北京采访。通过朋友推荐，我认识了曹永胜。当然还有其他的人选，但我通过比较之后，觉得曹永胜是非常合适的执笔者。他当时是四川省内江市作协副主席、中国作家协会会员、鲁迅文学院第24届中青年作家高研班学员，曾出版长篇小说《空间玩主》《非诚勿爱》《一半是天堂》和长篇报告文学《舌尖上的毒》等作品，曾在《人民日报》《文艺报》等刊物发表文学作品，获中国作协、团中央第二届“志愿文学”一等奖，中国报告文学学会第二届“石膏山杯”大赛提名奖、四川省人民政府“金熊猫奖”等荣誉。他年轻，有经验，写得不错，关键是对这件事情还非常感兴趣。是的，写书和做书都是需要激情的。我跟辛总做了汇报，辛总觉得曹永胜可以，然后我跟刘教授电话沟通，他也无异议。可以说，事情还算顺利。

曹永胜在刘宇一家中采访

出版社、曹永胜、刘宇一，三方确定下来做这件事情之后，就进入了采访和写作环节。我记得，曹永胜专程来北京，在刘教授的家中，对刘教授作了半个月的采访。采访过程中，刘教授提供了大量的材料。

采访结束的时候，曹永胜和刘宇一已经成了很好的朋友。曹永胜回内江后，大约用了半年的时间，就写完了稿子。稿子交给刘宇一教授审读，刘教授非常满意，觉得写的比想象中的要好得多。我拿到书稿后，提了个别的建议，请曹永胜进行了修改。

二、画作中领略信仰之美

用报告文学的方式，写党史上的重大事件或故事等，并不鲜见，这方面的作品很多，比如《解放战争》（王树增著）、《火种》（刘统著）等都是市场上反响非常好的书。但为一幅有关党史的画专门出版一本书，讲述背后的故事，却是具有创新性的。

毫无疑问，该书属于主题出版的有益尝试。这对于我们以历史事实为基础，宣传中国共产党人的初心和使命，让广大读者领略信仰之美，也是非常有帮助的。画作，是一个窗口，是时代的印记，名画更是历史的沉淀。通过视觉上的感受，去再现党史上的重大事件，能让读者有更多的回到现场的体验感。后来，为庆祝中国共产党成立 100 周年，中央广播电视总台推出特别节目《美术经典中的党史》，跟我们这个书的思路差不多，这个节目也收录了刘宇一教授的这幅《良宵》。节目从中国共产党成立以来各个历史时期，特别是党的十八大以来的美术作品中，遴选出 100 件最具代表性的作品，再现中国共产党成立 100 年来波澜壮阔的光辉历程。该节目在宣传中强调其三大特点：以画为体、以史为魂；从美术经典中领略信仰之美；在历史细节中探寻初心使命。我是非常赞同的。其实，我还策划了一本《大党记忆：文物背后的党史故事》，是邀请国家博物馆的黄黎研究员写的，近期也将出版。

《大党记忆：文物背后的党史故事》（2025）

画作，或某种文物，作为一个小切入口，去展现波澜壮阔的党史，是当前党史类主题出版一个重要的方向。切入口小，更容易引起读者的兴趣，让读者记得住。相比单纯的宏大叙事，小切口相当于提供具体的案例，能体现出历史的真实性。通过小切口呈现大主题，主题出版才有更多的感染力。前几天在书店看到一本中国工人出版社出版的《勋迹：徽章上的百年党史》（孟中洋著）。按照党史分期，分为革命篇、建设篇、改革篇、新时代篇四个部分，选取了中国共产党及其领导的人民政权、人民军队各时期颁发的勋章、奖章、纪念章等近700枚，阐释了对中国共产党成立以来加强荣誉制度建设的百年轨迹。这本书的策划也是类似的策略，也取得了成功。

三、106岁老革命家王定国为该书作序

《〈良宵〉的故事》一书以报告文学的形式，讲述了画家刘宇一历经17年、3次创作油画《良宵》的历程及其背后曲折动人的故事，展现了一位以人民为创作中心的艺术家坚定、忠诚的心路历程。

《〈良宵〉的故事》由老一辈无产阶级革命家、谢觉哉同志夫人、老红军王定国作序。王定国老人生于1913年，2020年6月去世。她为该书作序时106岁，很遗憾的是，该书于2021年出版时，老人家已经去世，没看到该书。王定国是四川省营山县人。15岁被卖作童

养媳。18 岁时，许世友率红九军解放营山。王定国带着同乡 400 余名妇女去迎接红军，之后集体参加了红军，成立了红军中赫赫有名的妇女独立营，18 岁的王定国任营长。1933 年 10 月参加中国工农红军，同年 12 月加入中国共产党。1934 年 10 月随红四方面军参加了三过雪山草地的长征。新中国成立后，任中央人民政府内务部机要秘书，最高人民法院党委办公室副主任等职，是第五届至第七届全国政协委员，入选“感动中国”2016 年度人物候选人。她曾是健在的年龄最大的女红军。

《〈良宵〉的故事》读者见面会后刘宇一与曹永胜合影

曾经有一篇名为《九趾红军》的报告文学，故事主人公的原型就是王定国。在给自己的孩子们讲述长征故事时，王定国说：天太冷了，脚冻僵了，用手一摸，脚指头就掉了。不疼，也没有流血，因为你还得走啊，不能停，于是就继续跟着队伍走了。从中我们可以感受到老人的革命乐观主义精神和为国家为民族的牺牲奉献精神。

刘宇一致力于红色题材画作的创作和宣传，得到了王定国老人的认可，这是分量很重的褒奖，我们可以看出，《〈良宵〉的故事》一书的策划和出版，是多么有意义的一件事情。

我们就该书开了读者见面会，地点是东城区图书馆。画家刘宇一、作者曹永胜、人民出版社政治编辑一部主任陈光耀等就该书创作过程中的一些问题进行了对话。当时会场坐满了人，很多人拿着书找刘宇一和曹永胜签名。刘宇一是画家，曹永胜是作者，他们的签名当然更有意义和价值。《中华读书报》等媒体进行了报道。

四、作家曹永胜的幸运与感动

结束长篇报告文学《〈良宵〉的故事》的创作时，曹永胜感受到一种前所未有的自豪。他说，有机会“采访”一幅史诗般的伟大作品，并将尘封多年的故事展现给读者，这是他的荣幸。

不忘初心，方得始终。

为中国人民谋幸福，为中华民族谋复兴，是中国共产党的初心。正是这样的“初心”，能够转化为改造中国的波澜壮阔的行动。也正是这一“初心”，根本上决定了以人民为中心的创作导向。

多年来，刘宇一教授坚持从人民出发的创作，把人民作为描绘对象，最终也受到了人民的欢迎。

今天的中国，比历史上任何一个时期都更接近也更有能力实现中华民族伟大复兴的中国梦。这是全体中华儿女的最大心愿，也是油画《良宵》所描绘的喜庆热闹、祥和安定、民族团结的良辰美景。

曹永胜说，感谢刘宇一教授为我们创作了油画《良宵》等一系列大气磅礴、呈现中华民族“辉煌美”的宏图佳作。刘宇一教授把崇高的艺术理想融入党和人民的伟大事业之中，自觉深入生活，以紧随时代的笔墨，讴歌党和人民的伟大实践，弘扬了中华民族的伟大精神。

习近平总书记说，一个国家、一个民族不能没有灵魂。而文化文艺工作者就做的是培根铸魂的工作。

新中国成立70多年尤其是改革开放40多年来，我国的文艺工作者坚持与时代同步伐，扎根生活、扎根人民，创作了一大批反映时代变革和人民群众奋斗拼搏的精品力作，深刻反映了当代中国正在发生的史诗般的变革，文艺事业呈现出百花竞放、蓬勃发展的生动景象。

曹永胜说，他相信，油画《良宵》所带给我们的不只是“良宵盛会喜空前”的爱国自豪感，更重要的是，它弘扬了中国精神、凝聚了中国力量，为国家立心、为民族铸魂。

五、文学性与史料性的结合

曹永胜在创作报告文学《〈良宵〉的故事》的过程中，始终坚持人民立场，真实再现艺术家在佳作诞生前后所遇到的困难与喜悦，是一部优秀的作品。

本书创作态度严谨，作者曹永胜经过大量查阅资料、走访、面谈，收集考察了与《良宵》创作有关的各种材料，保证所记载事件翔实、可靠，在此基础上，精心构思、反复锤炼，完成这部作品。开篇围绕《良宵》的油画地位、艺术价值进行介绍，引入刘宇一开始创作，绘声绘色地叙述了艺术家创作的酸甜苦辣，结尾写到巨幅油画被收入毛主席纪念堂，刘宇一终于圆梦良宵，全书结构工整，文笔行云流水，洗练传神，读起来一气呵成。

作为一部写人记事的传记类作品，本书尤为突出的特点是对人民立场的坚持和充分自觉的历史意识，有态度、有筋骨，守正创新，深掘人民生活底层，紧跟时代脉搏跳动。

19.

一本融合文集、画传等诸多特点的图书

——《老马识途说》出版手记

《老马识途说》是一本很有意思的书。该书将马识途对文学创作、阅读之道、书法本质等的思考进行系统展现，称得上一部全面了解文坛传奇马识途文学世界的入门书。对马识途，并不是每个读者都很熟悉。但说起电影《让子弹飞》，相信很多人都知道。这部电影就是根据马识途的小说改编而成的。2010 年贺岁档，根据《夜谭十记》（马识途著）之《盗官记》改编的《让子弹飞》全国公映，短短 11 天横扫 4 亿元票房。“让子弹飞一会儿”成了当时社会的流行语。马识途，原名马千木，1915 年 1 月 17 日出生在重庆忠县石宝寨长江边的一处村落，2024 年 110 岁高龄去世。他是革命家、作家、书法家，传奇的人生经历，让人钦佩不已。我有机会策划《老马识途说》一书，荣幸之至。

《老马识途说》（2022）

一、该书内容具有鲜明特色

本书共分四个部分，第一部分为“马识途小传”，简单概述作家马识

途百年传奇人生；第二部分为马识途重要文章，包括其有代表性的文学论述及近几年发表的部分文艺作品；第三部分为马识途精彩语段选录，展现了他对于中国当代文学创作的深邃思考；第四部分为“马识途文学创作年表”，讲述了其近 90 年文学创作的重要历程及作品。

第一部分“马识途小传”，是由慕津锋整理撰写的，可谓马识途人生的凝练表达，让读者以最短的时间了解马识途的人生经历、社会贡献、作品特点等。我记得该书刚出版问世，编者慕津锋将新书送给马老，有一张马老拿着放大镜看新书的照片，从照片中可以看出马老在看他的小传。可见马老对这部分内容的重视。

108 岁的马识途翻看《老马识途说》一书

第二部分“文论”是重头部分，收入了马老特别有代表性的文学论述。其中包括马识途 1977 年发表在《人民文学》上的《信念》，1978 年为《科学文艺》写的代发刊词《祝科学与文艺的结合》等。

1980年在《文学通讯》上发表的一个长篇文章《学习创作的体会》中，马识途谈到做文与做人的关系，“长期积累，偶然得之”的创作规律，“写不出来的时候不硬写”“放一放，不要急于发表”“文学是语言的艺术”“先有人物，还是先有故事？”“要不要拟创作提纲？”等问题。1988年在《写作》杂志上发表的文章中，马识途认为，文学的目的在于追求和表现真善美。这些对于年轻人进行文学创作具有启发意义。

第三部分“精彩语段选录”，收录了马识途的诸多精彩语录。比如他在谈到作家对于文学奖，应该“以平常心对之。获奖是上马镫，也可能是绊脚石”。对于书法，马识途这样写道：“书以载道；书贵有法，书无定法；不以画代书法；不以书法为求名得利的工具。”

第四部分“马识途文学创作年表”，是由慕津锋整理的，这对于读者了解马老的贡献具有很高的价值。

二、出版该书的价值和意义

我在接受《中国新闻出版广电报》采访时，对于出版《老马识途说》一书的意义是这样表述的：马识途是中国当代文学的符号、象征、不老松，他始终有着坚如磐石的文化自信，将自己的革命激情与中国文化紧紧相依，为中国百年壮阔的革命与文学留下了一段属于他的精彩传奇。“出版具有多种身份、作出诸多贡献的马老的作品，有利于当代青年学习他作为共产党员的初心与不懈奋斗的精神，有利于广大文学爱好者了解他的文学思想观点，有利于我们学习他丰富的人生智慧。”

马识途，他的第一个身份，就是革命家。他也称自己为“职业革命家、业余作家”，职业革命家排在首位。为了信仰和初心，他冒生我是马识途.
我今年已经进
入107岁.我是1938
年入的党.我在入
党誓词所许诺的
义务和责任,已经
实现了.

命危险在“国统区”从事地下工作，这段潜伏岁月可谓九死一生。出于掩护身份的需要，他经常更换职业，“虽九死其犹未悔”；为了信仰和初心，他努力说真话，对于这样做要付出什么代价，“无愧无悔，我行我素”。马识途和他的妻子刘惠馨一起投身革命运动。1941 年，刘惠馨被国民党逮捕，并被杀害。临刑前，刘惠馨巧妙地把才 1 个多月的女儿，扔在了路边的草丛里。好心的农民看到后，将其抱回家，抚养成人。马识途在刘惠馨牺牲后，始终坚信女儿还活着，坚持不懈地寻找。直到 1959 年，在湖北公安部门的协助下，马识途失散了近 20 年的女儿吴翠兰终于在武汉被找到。马识途根据这段经历，用半真实半虚构的手法，写了小说《清江壮歌》。1966 年春出版之后，《清江壮歌》很快就被批为“大毒草”，马识途由此遭受了 6 年的牢狱之灾。可以说，马识途为革命抛头颅、洒热血，作出牺牲，这种精神是需要我们大力宣传和学习的，出版《老马识途说》是出版人应有的社会担当。

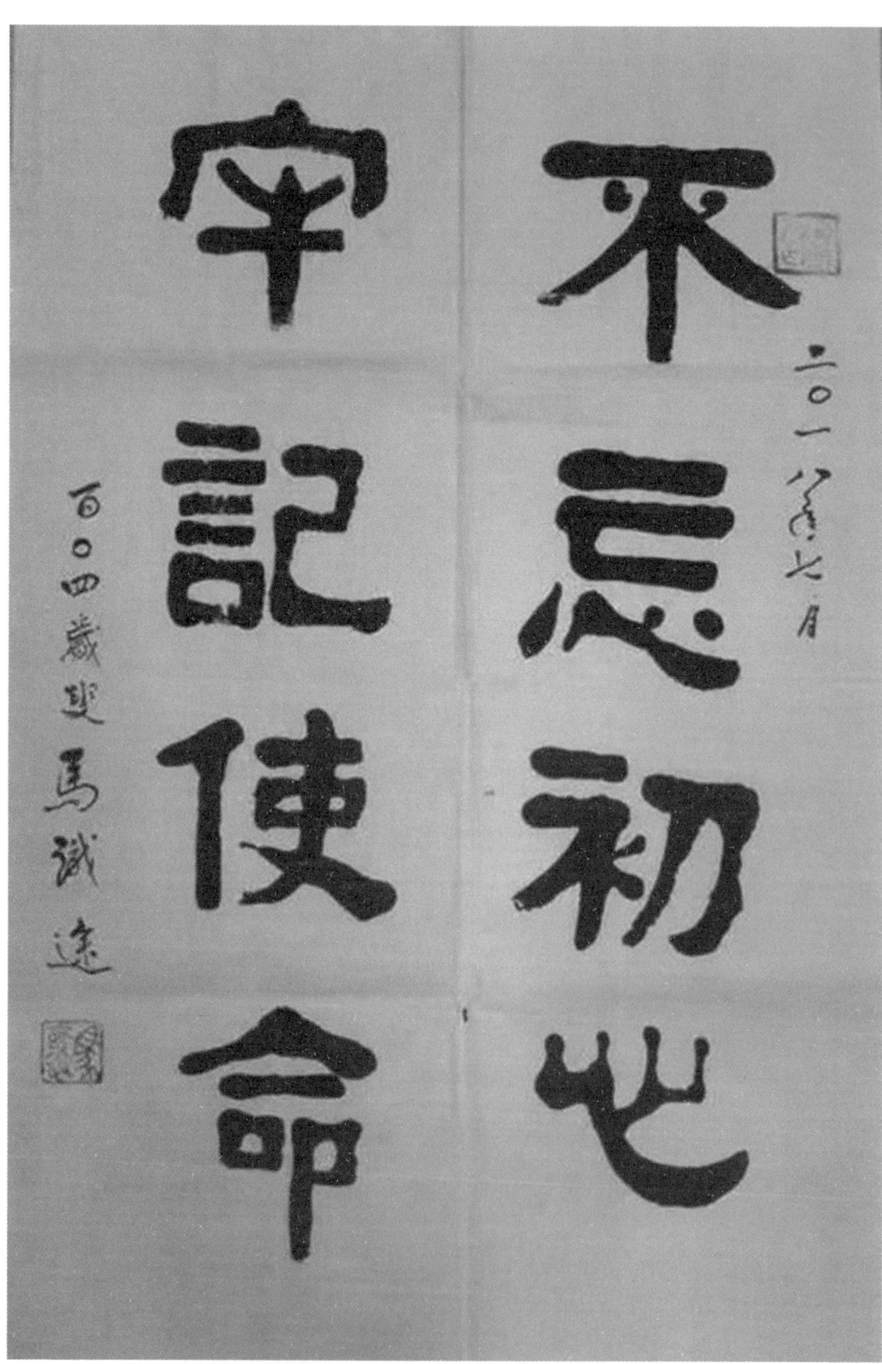
不忘初心
牢記使命
百〇四歲叟馬識途

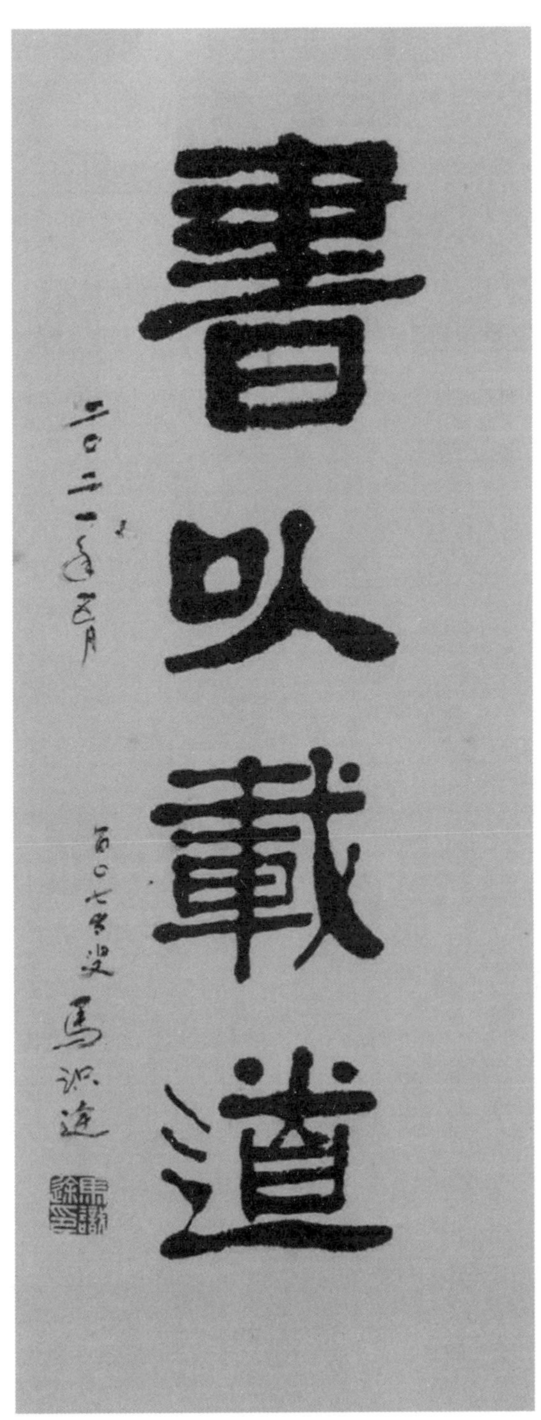
書以載道

作为作家的马识途，他追求“中国作风和中国气派”。他在文学创作中，关注的不是王侯将相，而是普通人的人生故事，讲述的是生活在民间的老百姓的人生沉浮和喜怒哀乐；在四川，将聊天、讲故事称为“摆龙门阵”，从《夜谭十记》到《夜谭续记》，他都将这种地方特色的讲述方式贯穿其中。他在《马识途文集·自序》中，则留下了更加全面的自我总结：“我的作品，坚持我所追求的‘为中国老百姓所喜闻乐见的中国作风和中国气派’，就是很不时兴的大众文学。我就是要追求民族的形式、生动的形象、跌宕的情节、通俗的语言，以便凡夫俗子、引车卖浆者流也可以从中得到一点艺术享受，受到一点启发。就是读了便扔掉也罢。我的作品大概难以进入不朽的缪斯殿堂，去博得高雅的欣赏。我绝不为此而感到羞愧。我从来不想追求不朽，也不相信世上有永远不朽的东西。我乐意于让其速朽。让更新更好的作品来代替，发挥更好的作用。”显而易见的是，马老身上具有这种“为中国老百姓所喜闻乐见的中国作风和中国气派”。李怡认为，“老马识‘途’的 80 年间，走出了中国文学独特的‘地方路径’，这里所谓的‘地方’，并不是故步自封的地域性狭窄和局限，而是在广阔的文学视野中，挖掘和发现独特人生经验的个性化追求，是中国文学在开放时代所完成的真正的民族性建构”。从中可以看出，在新时代，我们可以从马识途身上感悟如何讲好中国故事。党的十八大以来，习近平总书记对国际传播工作作出了一系列重要论述和重大部署，提出“下大气力加强国际传播能力建设”“加快构建中国话语和中国叙事体系”“向世界展现真实、立体、全面的中国”等要求。马识途的文学创作，追求的是“中国作风和中国气派”，与总书记的要求不谋而合。

作为书法家的马识途，更是青年人学习的榜样。马识途曾回忆：余六岁发蒙即学书，先描红，继学颜，后终专学隶，临古碑名帖，垂百年，无大长进，仅得皮毛。惟得数句真言：“书贵有法，书无定法，要在有法无法之际，于有法中求无法耳。”然则宗于法书，由远而近，又离自法书，由近而远，自创新格，殊非易事，戛戛乎，中国书法之难也。故迄今未敢以书法家自命。以是知无天资者不可学书，无悟性者不可学书，无耐力者不可学书，欲以书法为敲门砖，沽名求利者，更不可学书。

马老的书法作品所书，大部分是他自己写的对联或他自己的诗词作品。“人无媚骨何嫌瘦，家有藏书不算穷。”“能耐天磨真铁汉，不为人妒是庸才。”体现出他的文人风骨和人生智慧，让人印象深刻，受益匪浅。

三、一本融合文集、画传等诸多特点的图书

策划该书的时候，马老已经 107 岁，由他自己编辑整理很不现实。所以，慕津锋作为编者，就非常合适。慕津锋是中国现代文学馆征集编目部主任，副研究馆员，专门从事有关作家手稿、书信等文物文献资料的档案征集与研究，并进行相关写作。他与杨绛、马识途等作家甚熟，往来诸多。他在我们出版社还出版过《难以忘记的文学名家》一书。那段时间我事情比较多，就由同事李源正担任了责任编辑。2023 年慕津锋还在青海人民出版社出版了《马识途谈艺录》一书。2025 年 1 月，慕津锋在读者出版社出版了《马识途年谱》一书。马老在北京的书法展，也是由慕津锋组织的。可以看出，慕津锋对马老非常有研究，与马老关系甚好，深得马老及其家人的信任。我们选择

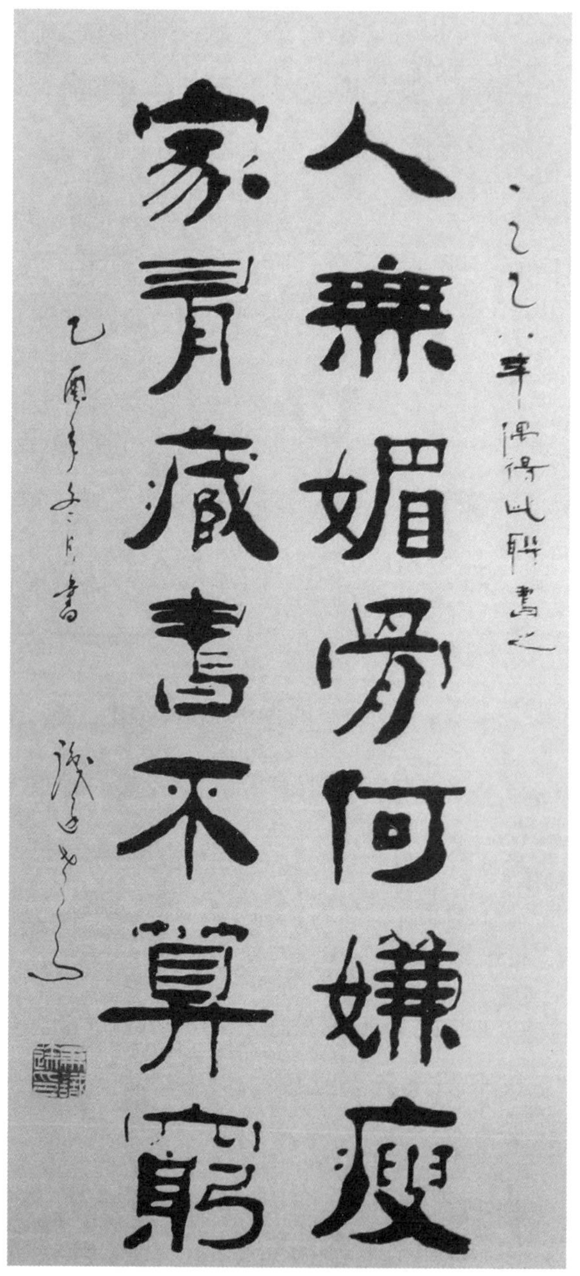
人無媚骨何嫌瘦
家有藏書不算窮

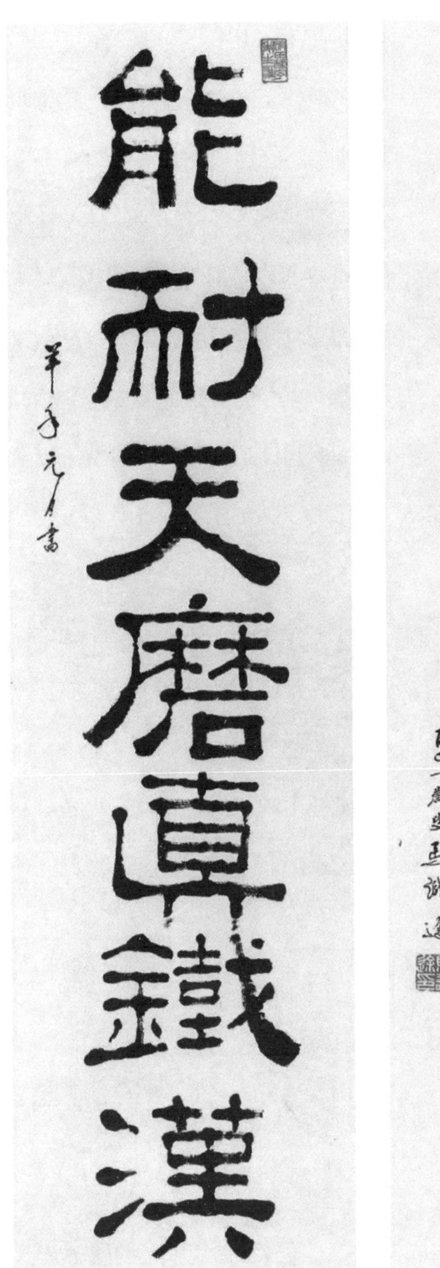
不爲人妒是庸才
百〇一歲叟馬識途
能耐天磨真鐵漢
羊年元月書

《难以忘记的文学名家》(2020)

了与慕津锋合作，对于《老马识途说》一书能成功出版，意义重大。

我和慕津锋在策划这本书的过程中，通过换位思考的方式，站在读者的角度，围绕怎么让读者系统快速了解马识途的生活环境、革命经历、文学成就、书法造诣和社会贡献，进行内容设计。从前面图书内容的相关介绍我们可以看出，该书的一大特色就是具有创新性。《老马识途说》既非简单的文章集合，也不仅是一部传记，更非简单的创作大事年表，而是进行了一定的糅合，内容丰富、形式新颖、观点鲜明，将马老对文学创作、阅读之道、书法本质等的思考进行系统展现。

由于马老自幼学习书法，隶书颇有特色，为了让读者形象地认识马老书法造诣，我们在书中前面的彩插部分选取了10余张马老的书法作品，方便读者欣赏。

为了更加形象地展示马识途的一生，《老马识途说》正文中还插入了10余张珍贵的照片。比如20世纪30年代马识途在浦东中学求学期间的照片，40年代在西南联大求学期间马识途与美国飞虎队朋友的合影，1960年马识途与女儿吴翠兰在天安门前合影等。每张照片背后都有一段故事，方便读者进行深入思考探究。

精彩语段选录部分，则更是方便读者学习体悟马老的思想智慧。我作为编者之一，出版过《王蒙妙语录》（王蒙著，温奉桥、刘敬文编）一书，从中体会到，在信息爆炸、工作节奏快的当下，尤其是短视频、微信公众号等新媒体的兴起，很多读者对于阅读大部头的书，尤其是动不动几十本的文集，几百万字的规模，很容易产生畏难情绪。而这种精彩语段的选录，在保持思想完整性的同时，能够将作者的思想集中而简练地展现出来，也有利于读者节省阅读时间。

《王蒙妙语录》（2019）

所以说，《老马识途说》一书的策划和编辑过程，我和慕津锋不受既有体裁的限制，打破常规，一切以读者为中心，努力让读者从一本书中就把握马老各方面的造诣和贡献。该书可以说是对马老感兴趣的读者的一本入门读物。

顺便介绍一下，2022 年 1 月，马老在人民出版社出版了《那样的时代，那样的人》一书，该书分为文人、友人、亲人、凡人、洋人五个部分，对不同的人进行回忆，一个个人物故事娓娓道来，如鲁迅、郭沫若、巴金、冰心、张光年、闻一多、吴宓、汪曾祺、夏衍、杨绛、周有光、李劼人、沙汀、艾芜等。对作家、文人的回忆，是书中重点部分，也是出彩部分。

100 岁的时候，马识途给自己写了一首四言诗：

少年救国，负笈出峡。工业救国，一现昙花。

参加革命，报效国家。不想当官，却戴乌纱。

…………

不耐沉默，胡乱说话。君子坦荡，乃大傻瓜。

阎王发令，小鬼来抓，大限一到，跟他去吧。

总之，马识途的革命精神，对写作的热爱，高贵的人格，持之以恒的精神，等等，都是年轻人学习的榜样。主题出版图书，要善于选择挖掘这些优秀的人物，向读者讲好他们的故事。

20.

探讨智能化战争的时代方位

——《人工智能颠覆未来战争》出版手记

当今社会，科技发展真的是日新月异，国家之间的科技竞争日趋激烈。作为编辑，必须密切关注这些科技发展的新成果。主题出版，从根本上说就是服务于党和国家工作大局，推动经济社会的发展。2024 年 6 月 24 日，习近平总书记在全国科技大会、国家科学技术奖励大会和中国科学院第二十一次院士大会、中国工程院第十七次院士大会上强调：“必须充分认识科技的战略先导地位和根本支撑作用，锚定 2035 年建成科技强国的战略目标，加强顶层设计和统筹谋划，加快实现高水平科技自立自强。”因此，主题出版如何贯彻落实习近平总书记的重要讲话精神，如何服务于科技强国战略、创新驱动发展战略，就是编辑应该深入思考的问题。我在这里谈一谈《人工智能颠覆未来战争》（石海明、贾珍珍著，人民出版社 2019 年版）的策划出版经验。

《人工智能颠覆未来战争》
（2018）

一、编辑与作者之间的相互成就

我和石海明是在王义桅教授的新书发布会上相识的。2017 年 5 月 8 日，由中国人民大学国际关系学院教授王义桅所著的《“一带一路”：中国崛起的天下担当》一书在北京举行新书发布会，我作为该书的责任编辑，组织并参加了这次会议。当时，国家发展和改革委员会副秘书长范恒山，中国前驻吉尔吉斯斯坦、拉脱维亚、哈萨克斯坦、乌克兰大使姚培生，人民出版社总编辑辛广伟，人民出版社副社长李春生，察哈尔学会常务副秘书长周虎城等来自外交、军事及文化领域的嘉宾出席了发布会。石海明也参加了这次会议，当时他还在长沙的国防科技大学任教，之后不久调入国防大学。石海明在发言时，侃侃而谈。当时我的领导，政治编辑一部主任张振明听后，跟我说，石老师口才很好，很能讲，观点很有见地，适合约稿。我顿时受到启发。可以说，他看得很准。

会议结束后，我就和石海明在会场的一个角落，聊了起来，得知他在研究人工智能与战争的关系，我就觉得，这是科技发展的前沿和热点，还涉及战争问题，很多读者尤其是军迷，会有极大的兴趣。这要是做成一本书，不但有利于推动人工智能在我国的发展，也会帮助军事爱好者认识智能化战争，普及科学知识。智能化战争是当代战争的发展趋势，但很多读者对此并不太了解。我把想法告诉石老师之后，他也深表赞同，可谓一拍即合。当然，后来和石老师成为朋友后，我慢慢才知道，他是那种悟性很高又极其勤奋的人，很自律，每年都要阅读上百本图书，每天都要跑步锻炼，已出版过包括《制脑权》《虎狼之翼》《适应者死亡》等精品在内的 17 本著作，可谓颇有才华的青年军官，近年来社会影响力越来越大。长期艰苦的思考与研究写作，也是这本《人工智能颠覆未来战争》撰写水准很高的坚实根基。

社会上很多人认为编辑就是简单地改错别字。实际上，编辑分为策划编辑和文字编辑。策划编辑很多时候是把自己的想法，通过作者变成书，从而影响国家和社会，起到彰显出版传播思想、传递知识、传承文化的作用。即使只是担任文字编辑，也不只是改错别字，比如对书稿内容的政治把关和学术把关，对书稿的结构进行调整，对书名进行设计，对书稿中的知识性错误进行订正，对书的装帧设计进行统筹等等。有时我听到一些人认为编辑就是看错别字，真的感到很伤心。主题出版类图书的文字编辑，有一块必须做的工作就是，对一些重要引文的核对。比如引用党和国家领导人著作中的话，都需要一个字一个字地核对。

所以说，做文字编辑是很辛苦的事情，需要一些绣花功夫——有耐心，能吃苦，眼明心细，还要有奉献精神，乐于给作者作嫁衣。

有一次我去国防大学拜访石海明，在餐厅吃饭的时候，石海明郑重地说："很多时候，编辑和作者是相互成就。敬文编辑给我出的这本《人工智能颠覆未来战争》，我是切身体会到了。"编辑和作者之间的关系，我也认为应该属于"相互成就"，这个总结是非常合适的。没有我的约稿，作者不一定想到把自己的研究成果结集成书，进而让更多的读者了解他的所思所想；而没有作者严谨细致的写作，我的想法就没有可能变成现实，我也难以靠编辑工作养家糊口。一本书，是编辑与作者共同努力的成果。认识到这一点，我们做书就有了动力！

二、一本书的定位非常重要

《人工智能颠覆未来战争》一书，虽然是石海明和贾珍珍基于多年研究之后形成的成果，但从严格的意义上说，该书是一部文集。出版该书的主要目的是科普，针对的读者是非军事研究人员，也就是关心战争未来走向的普通读者。这就是该书的定位——一本通俗读物。有时我听到一些学者说，你看某某人写的书，什么学术观点都没有，出版了有什么价值。我只能付之一笑。在我看来，一个人在社会上需要扮演很多角色，比如你在单位是员工，而你在孩子面前则是父母，在老人面前则是孩子。对于一本书来说，它的定位也非常重要，这决定了它要在社会上扮演什么样的角色。主题出版类的图书，优秀学术著作也算主题出版，但通俗读物则更多一些。我们对一本书，不可过于苛刻，吹毛求疵，不要指望其扮演过多的角色。普及类读物面向的是普通读者，这就意味着不能拿写学术著作的标准来要求通俗读物。对于撰写普及类读物的作者来说，一些专业术语、一些理论，必须进行解释，而对于撰写学术著作的作者来说，这些都是 ABC 的东西，重点在于如何提出创新性的理论或观点等。可以说，两者关注点是不一样的。

现实中，对于写通俗读物，很多学者表现出不屑一顾，仿佛这样就掉了身价。我这里跟大家分享一个案例。北京十月文艺出版社总编辑韩敬群曾开发过“大家小书”系列图书，他记得自己儿时读过许多“大家”写的科普类的书，生动有趣，印象深刻，如历史学家吴于廑写的《古代的希腊和罗马》。他带着这个想法去请教袁行霈，二人聊出了“大家小书”这个理念。在袁行霈先生亲自撰写的大家小书总序中，他这样解释“大家小书”：“大家小书”是一个很俏皮的名称，其中“大家”包括两个方面的含义，一方面，书的作者是大家；另一方面，书是写给大家看的，是大家的读物，“小书”的“小”是就其篇幅而言，长的十几万字，短的只有七八万字。

可以说，撰写普及类读物，体现的是一位学者的责任与担当、能力和水平，也拉近了学者与普通读者之间的距离。我个人认为，石海明和贾珍珍撰写的《人工智能颠覆未来战争》一书，这种科普类的定位，是其获得成功的一个重要原因。

三、内容是核心竞争力

对于一本书来说，装帧设计等很重要，但归根结底，说一千道一万，优质的内容才是硬道理。图书本身作为一种商品，是具有使用价值的。编辑和作者付出了大量心血，就是为了它可以对社会有益。如果内容上粗制滥造，不被读者认可，就不具有使用价值，编辑和作者的付出也就得不到相应的回报。毫无疑问地说，一本被读者认可的书，一定是内容上有着自己的特色，满足了读者某些方面的需求。

作为国际竞争的新焦点，社会进步的加速器，经济发展的新引擎，军事变革的新杠杆，在机器学习、神经网络、大数据、资本市场等多重因素的激发下，人工智能目前呈现出跨界融合、人机协同、全维渗透的新态势。尤其在当前，我国经济社会发展进入创新驱动、变挡换速的跃迁期，国防和军队建设亦进入智能主导、全域对抗的爆发期，人工智能以其独有的变革元动因与时尚新标签进入决策视野、专家及公众话题，迅速在全领域掀起多次浪潮。《人工智能颠

《智胜未来：智能化战争面面观》（2023）

《智能化战争论：重塑人类认知的智能化
战争机理与演变趋势》（2025）

覆未来战争》一书聚焦人工智能与未来战争的关系问题，以历史的视角和批判的思维，探讨了智能化战争的时代方位、人工智能技术的最新进展、人工智能技术的战场运用方式、外军在相关领域的研究、科幻作品与战争形态的交替演化，以及军用人工智能的伦理挑战等六方面内容。该书观点鲜明，兼具学术性和可读性，语言明快精练，值得细细品读。空军少将、《超限战》作者乔良为该书写的推荐语为："人工智能会颠覆未来战争么？会部分颠覆，还是全面颠覆？这是穿军装的人都十分关注的事情，但不穿军装的人就不用关注了吗？如果等到人工智能溢出对战争的颠覆，开始呈现颠覆人类社会生活的迹象时，再关注可能就晚了。所以，让我们先听听两位作者提前告诉了我们什么？"

这本书出版后多次加印，如今已经销售 5 万册。近几年乌克兰危机中无人机等的应用，更是让智能化战争备受读者的关注，也让我们愈加坚信人工智能是科技变革的重要推动力量。在这种情况下，该书已经是一本常销书。在我看来，常销书就是经得起时间和实践检验的好书，不是简单的应景之作。这也说明，大家写小书，如果写得精彩，很容易出精品力作。我非常希望，有更多的优秀学者能加入来通俗读物的写作中，让群众掌握这些理论，从而成为改变世界的力量。

聂震宁写了《致青年编辑的十二封信》一书，在书中，有一章是讲"为什么要做精品书"，在他看来，精品书有利于出版社打造品牌，并且精品书往往也具有可观的经济效益，大多为常销书、畅销书；另外，国家和行业设立了很多大奖，鼓励出精品书。说到底，出精品书，不仅有面子，还有里子，也就是社会效益与经济效益的相统一；对于编辑的职业生涯来说，出版了精品书，有利于自己有个好前程，比如被提拔重用等。回过头来看《人工智能颠覆未来战争》一书，我的观点是，该书应该是通俗读物中的精品，它经受住了时间的检验。

21.

向毛泽东学习领导艺术

——《毛泽东井冈山时期的领导艺术》出版手记

以毛泽东为代表的中国共产党人，点燃了中国革命的星星之火，开辟了井冈山革命根据地，走出了一条农村包围城市、武装夺取政权的中国革命独特道路。王超著的《毛泽东井冈山时期的领导艺术》一书，深入分析了毛泽东在井冈山时期遇到的困难和问题，在此基础上，从领导艺术和工作方法的角度，分析了他是怎么具体解决这些困难和问题的。这本书坚持问题导向，具有很强的学理性、实操性，语言通俗生动、案例丰富。今天我谈谈这本书在编辑出版过程中的一些体会。

一、党史类图书的出版，是主题出版的重要组成部分

主题出版是为了服务于党和国家工作大局，而党的百年奋斗历程，就是我们党治国理政丰富的宝藏；党史上革命前辈的初心使命故事，就是我们党坚定信仰的生动教材。历史是最好的教科书，是最好的营养剂，也是弘扬社会主义核心价值观的生动教材。我们党历来重视用党的奋斗历程和伟大成就鼓舞斗志，明确方向，用党的光荣传统和优良作风坚定信念、凝聚力量，用党的实践创造和历史经验启迪智慧、砥砺品格。党史类的图书，在重要时间节点上出版很多，比如中国共产党成立100周年、纪念毛泽东诞辰120周年、纪念邓小平诞辰120周年。

所以，做主题出版的党史类图书，需要关注这些时间节点。中宣部每年评选出的重点主题出版物，都会特别关注这些赶重要时间节点的图书。

《毛泽东井冈山时期的领导艺术》（2024）

我长期关注党史类图书的出版。虽然我不是党史专业出身，但在工作中认识到，不对党史有系统的认识，不了解中国共产党奋斗的经验和教训，不了解中国共产党取得的伟大成就，就不可能做好主题出版。所以，我工作之后，阅读了大量的党史类著作，这一方面有利于增长党史方面的知识，做好图书内容的把关；另一方面也有利于我策划党史类的主题出版图书。所以，曾担任人民出版社人事处处长的柯尊全把《毛泽东井冈山时期的领导艺术》一书的作者王超同志介绍给我认识，得知他要出版这本书时，我产生了浓厚的兴趣，内心没有丝毫的迟疑。“凡事预则立，不预则废。”只有平常日积月累，不断磨刀，才能在机遇到来时，抓住机遇，应对挑战。平常毫无准备的话，只会白白错过机会。

二、如何判定一个书稿有没有价值？

如何判定一个书稿有没有价值，这是一个很让人头疼的事情，也是考验编辑知识水平、市场意识、调查研究能力、对未来的预见性、担当作为等综合水平的重要方面。千里马常有，而伯乐不常有，如今个人发表观点的渠道越来越多元化、多样化，很难说编辑就是作者的伯乐，但编辑有准确的判断力，发现一本好书，的确可以推动文化的传播，为作者的事业发展作出一定的贡献。

编辑判断书稿有没有价值，从总体来说，就是看这本书有没有社会效益和经济效益，而且社会效益要放在首位。也就是说，即使一本书有经济效益，但不符合社会主义核心价值观，不能给社会带来正能量，或不具有学术价值，不符合党和国家的政策，就不能将其出版。在这个总的原则之下，还要有识别好书、发现优质作者的眼光和尊重作者、吸引作者的真情实意。

这是王超同志第一次写个人专著。他之前在地方和中央机关工作了几十年，一直做党委、纪委工作。他平常写了一些研究毛泽东领导力的文章，受到读者的好评，他的一些朋友在看到他的文章后，也深受启发。但对于写个人专著，他心里也没底。毕竟一本书几十万字，不同于一篇文章。在跟他具体聊完后，我就主动表示：希望这本书能在人民出版社出版，期盼以后多合作，可以就毛泽东不同时期的领导艺术出一个系列……我的热情和真诚打动了他。这本书他本来打算在其他出版社出版的，但经过深入交谈之后，他决定这本书在人民出版社出版，并答应长期与人民出版社合作。

当时我的判断是这样的：

其一，他对毛泽东进行了深入的研究。从他的书稿引用了大量的资料，就可以看出他下的功夫之深。这些资料，很多还是当前不容易找到的。《毛泽东井冈山时期的领导艺术》一书，特别厚重，足有40万字。毛泽东的领导艺术，在不同的历史时期都有所体现，比如在长征途中，毛泽东的领导能力、战略远见和军事才华挽救了党，挽救了红军，但该书聚焦于井冈山时期，从而以小见大，让全书内容充实，把一些前人忽略的问题做了有特色的解读。问题研究的聚焦，让该书的立意突出，对于一些具体的事件，有了研究深入的可能。这也是做学问的一个很好的案例。切入口小，有利于研究的深入透彻。

其二，他解读毛泽东，与别人的不同之处在于，他把在地方和中央机关中的工作实践以及由此得出的思考，运用于其中。这是很多高校的学者所不具备的。很多学者并没有做过领导，没有处理过纷繁复杂的人际关系，没有带领团队做过开疆拓土、攻坚克难、应急排险的实际工作，很难有解决问题周密思考和方法上的体会。比如我们所熟知的朱毛会师，很多人认为是理所当然的。朱德和毛泽东出于对马克思主义信仰和共产主义事业的追求，认为会师是顺其自然的事情，却忽略了朱毛会师对于巩固井冈山革命根据地的意义，以及毛泽东为促成朱毛会师所做的努力。王超同志所做的研究，正是深挖这些理所当然的事情背后的逻辑与故事，这让该书具有非常大的实用性。

其三，顶尖级学者的推荐或者背书，让我确信自己的判断准确。有时候，我们可以不完全相信专家的推荐意见，但我们也要认识到，很多专家愿意为一本书背书，十有八九说明这本书还是可以的，否则他们会担心损害自己的名声，从而不去蹚浑水。大部分专家爱惜自己的羽毛，这是客观的事实。该书由原中共党史研究室副主任李忠杰作序推荐。李忠杰在序中说，井冈山道路是怎样探索出来的？在创建过程中，采取了哪些科学有效的工作方法，表现出怎样的智慧？研究这些问题，是对历史宝藏的进一步挖掘，有利于提高我们的工作水平。

具体而言，该书作为理论读物主要有三个特点。一是坚持问题导向。二是聚焦领导方法、智慧和艺术。三是突出实践性、实用性。他结合干部职工的工作实际，从井冈山革命根据地创建的成功经验中梳理挖掘出一系列有效方法，并将这些方法以哲学方法论形式表达出来，力图给读者以启发。比如，保持清醒的头脑、充分调动各方积极性、深入调查研究、勇于创新等。这些方法是当年革命取得胜利的法宝，也可以成为我们今天工作的有益参考。该书出版后，《人民日报》主动发表了李忠杰的序。随后，央视网、新华网等多家媒体作了转载。李忠杰的推荐和这些媒体的积极反应，印证了我的判断。感谢他慧眼识珠，为这本书作序推荐！

三、毛泽东的领导艺术值得我们学习

红军中有一副对联：红军中官兵夫衣着薪饷一样，白军里将校尉饮食起居不同。红军这种新型的官兵关系，是其区别于旧军队，比旧军队有更强凝聚力战斗力的重要因素，这是《毛泽东井冈山时期的领导艺术》一书中，讲毛泽东怎么解决井冈山军民吃饭问题时的相关论述，从中我们可以看出，毛泽东作为领导者，具有很强的问题意识，敢于创新；具有平等意识，严格自律，率先垂范，具有凝聚人心的力量。

毛泽东没有专门学过军事、没有进过军事院校，他怎么把队伍团结起来？面对敌人的“会剿”，是怎么站稳脚跟的？朱毛会师后，毛泽东是怎么把两支队伍团结在一起的，具体进行了哪些人事安排？对待犯错误的同志，毛泽东是怎么处理的？

上面的一系列问题，是在艰苦斗争环境中必须解决的，对毛泽东来说，也是一个严峻的考验。

领导艺术是领导能力的缩影，是领导者智慧、学识、胆略、经验、作风、品格、方法的综合体现。领导艺术与工作方法有关，工作方法的运用本身就体现出艺术性，同时，与工作方法相比，领导艺术具有创造性、灵活性、综合性等鲜明特点。在井冈山的斗争中，毛泽东的领导艺术得到生动体现，具有研究的价值。

在革命战争时期，毛泽东等领导人制定政策时，首先要解决生死存亡的问题。不解决具体问题，红军就很容易被消灭，星星之火就难以燎原。这就意味着，毛泽东的领导能力，很大程度上是在实践中锻炼出来的，是现实问题倒逼出来的。毛泽东具有鲜明的问题意识和目标导向，是容不得半点形式主义或者花拳绣腿的。毛泽东在《湖南农民运动考察报告》中说，革命不是请客吃饭，不是做文章，不是绘画绣花，不能那样雅致，那样从容不迫，文质彬彬，那样“温良恭俭让”。通读此书，我感受到，毛泽东领导艺术的发挥，一是为了生存，让井冈山革命根据地在“围剿”中生存下来；二是为了发展，将革命推向全国。围绕这个根本的问题，作者总结出“上井冈山的智慧、建井冈山的智慧、守井冈山的智慧、下井冈山的智慧”，是有一定价值的。

在领导力的发挥过程中，有一个重要因素，就是领导要有预见性、洞察力。毛泽东在谈到什么叫领导时，形象地比喻：“当桅杆顶刚刚露出的时候，就能看出这是要发展成为大量的普遍的东西，并能掌握住它，这才叫领导。”也就是说，领导要学会透过现象看本质，发现内在的规律性。毛泽东在上井冈山之前，就看到了农民问题在中国革命中的重要地位，发现了农民中蕴含的无穷力量，才有了带领秋收起义的部队上井冈山。这看似寻常的举动，在当时是不被认可的。苏联搞城市暴动的革命思路，在很多领导人脑海里根深蒂固。毛泽东、朱德等在井冈山创建了第一个农村革命根据地，开辟了农村包围城市、武装夺取政权的革命道路，是根据中国国情具体问题具体分析，将马克思主义与中国具体实际相结合的生动案例，是他深刻洞察力的生动体现，展现出一位战略家高瞻远瞩、预见未来的认知能力，这是领导者必须具备的素养。

政治学中把有个人魅力的领导人称为克里斯马型的领袖。在井冈山时期的毛泽东，毫无疑问是克里斯马型领袖的典型代表。从书中可以看到，毛泽东亲自交代上山改造王佐部队的何长工："这些人重义气、要面子，自尊心强、疑心很重，同他们打交道，一方面要策略灵活，一方面要坦诚相待，改造工作既不能缓，又不能急。""是说服，还是压服，两种办法，两个前途。"对王佐部队的改造中，何长工根据毛泽东的指示，第一步，做到"爱其所爱"，先接近王佐的亲人，向他们宣传革命的道理，取得他们的信任，间接影响到王佐；第二步，做到"恨其所恨"，王佐最恨的是反动武装尹道一，何长工就率工农革命军一部，与王佐部一起设下埋伏，重创尹道一部，并当场杀死尹道一。袁文才佩服毛泽东，他对人说："毛委员的带兵经验真神，我服了他。这一辈子跟定他了！"王佐表示："从此之后，我王佐就跟定了共产党，你们说怎么办就怎么办，刀山火海也不含糊！"

毛泽东的领导智慧和艺术，使他具有非同一般的个人魅力，从而将不同的力量团结在一起，带领中国革命取得胜利。比如，在井冈山上，毛泽东以身作则，与士兵们同甘共苦，让从国民党军投诚过来的毕占云、张威刮目相看、心生敬意。在毛泽东的影响下，他们俩坚定地走上了革命道路，并为新中国的成立作出了贡献。

四、党史类图书的编辑工作，需要下苦功夫

党史类图书的编辑，与其他图书有相似之处，但也有一些特别之处。我在编辑该书的过程中，特别关注的问题有：

第一，史实的核对。作为一本图书的书稿编辑，要保证错别字、病句等在自己手中得到订正，也要对一些重大事件进行核对，避免闹出笑话。涉及党和国家领导人的图书，一定要在史实上保证准确。在编辑该书的过程中，我参考了《毛泽东选集》《毛泽东文集》《毛泽东年谱》《毛泽东传》等权威读物，对一些史实进行了逐条核对，凡是有出入的都以这些权威读物为准。当前很多读者对党政图书的关注，其中一个重要方面，就是刚才说的一些重要的信息，是否传递正确。

第二，党史上一些时间、人名、地名很容易出错。人名、地名，有可能是作者敲错了，比如出现前后不一致的情况。一些事件发生的时间，也需要核对。再牛的学者，都不一定能记住每个事件具体的时间。编辑必须以高度负责的态度，注意从微小的细节，帮作者把好关。

第三，一些党史上有争议的事件，尽量避开。如果涉及党史上的敏感事件，要严格履行重大选题备案手续。编辑要有法治思维，按照规则办事，遵守国家法律法规。这也是很多年轻编辑容易忽略的地方。

第四，编辑书稿的过程不可闭门造车，而是应该边编辑边学习，做到干中学、学中干。编辑属于杂家，编辑一本书稿，就要对书稿涉及的领域有基本的了解。“在游泳中学习游泳，在战争中学习战争”，这是做好图书出版必须学会的方法。我们要边做书边学习，遇到疑惑就查阅资料，进行核实；利用好业余时间，每天晚上抽出一两个小时读一会儿书。如今的社会，养家糊口的压力比较大，阅读已经成为一

件奢侈的事情。但不管怎样，作为一名编辑，一旦从事了这个职业，就要多读书，增加自己的知识厚度，否则很难成为一名合格的编辑。

五、该书宣传中的一些经验

该书出版后，很快就引起重视。我们及时将本书的信息推荐到相关媒体。该书的相关信息先后被《人民日报》、光明日报社《书摘》杂志、《中国纪检监察报》、《北京日报》、学习强国、人民网、党建网等转载，引起很大的反响。

我作为责编，撰写了《跟毛泽东学习讲话艺术》一文，发表在新华社，还撰写了《跟毛泽东学习领导艺术》一文，发表在《中国新闻出版广电报》上。

该书被新华出版社列入“新华荐书·澎湃中国红”书单（第一季）。“新华荐书”是经新华社领导批准，在中国出版协会、韬奋基金会指导下，由新华出版社联合《新华每日电讯》、《半月谈》、新华社新媒体中心、《参考消息》、《瞭望》、《经济参考报》、《中国证券报》、《上海证券报》、新华网、中国经济信息社、中国搜索、中国图片社和新华书店总店等共同发起的社会性公益文化活动。“新华荐书”推荐图书涵盖国内主要出版机构，每期推荐图书通过新华社媒体矩阵发布，被大量转载，有效扩大了优质图书在主流媒体的覆盖面，已成为知名荐书品牌和新华社服务全民阅读国家战略的重要载体。我和王超同志前往嘉兴参加了颁奖活动。王超同志在嘉兴图书馆作了《毛泽东的领导艺术》的讲座，受到欢迎。很多听众是在校大学生，在听讲座时目不转睛。一位 80 多岁的老人也来到现场聆听，让人深受感动。

附：书评

看这本书，学习毛泽东同志的讲话艺术

以毛泽东为代表的中国共产党人，点燃了中国革命的星星之火，开辟了井冈山革命根据地，走出了一条农村包围城市、武装夺取政权的中国革命独特道路。王超著的《毛泽东井冈山时期的领导艺术》一书，深入分析了毛泽东在井冈山时期遇到的困难和问题，在此基础上，从领导艺术和工作方法的角度，分析了他是怎么具体解决这些困难和问题的。这本书坚持问题导向，具有很强的学理性、实操性，语言通俗生动、案例丰富。阅读该书，我深刻体会到，毛泽东在井冈山时期领导能力的一个重要体现，就是他做群众工作时的语言艺术。

不管什么时候，毛主席都设身处地地为对方着想，从对方的角度考虑问题，并以此来修正自己的语言表达方式，争取达到理想的谈话效果。领导干部面对群众讲话的时候，一定要注意对方的身体特征、文化水平、实践经验、理解能力，也要关注时间场合，更要了解对方的利益诉求等。毛泽东的讲话，形象地用比喻、典故，或者用群众熟知的大白话，来表达革命道理，体现出深刻的思想性、高度的艺术性，有利于听众入脑入心，可以说是做党的宣传工作的经典案例和生动教材。比如，在遂川县工农兵政府成立之前，陈正人等人起草了一份《遂川工农县政府临时政纲》，写了三十多条，拿来请毛泽东审阅。毛泽东将其中一些深奥难懂的话全部改成了群众听得懂、好理解的语言，比如，把“废除聘金聘礼，反对买卖婚姻”改为“讨老婆不要钱”，把“反对虐待儿童”改为“不准大人打小孩”，把“废除债务”改为“借了土豪的钱不要还”等。又如，在朱毛会师大会上，毛泽东说道：

“敌人即使有孙悟空的本事，我们也有办法对付他们，因为我们有如来佛的本事，他们总逃不出如来佛的手掌！”

毛泽东的讲话艺术，体现出他对马克思主义的信仰和对革命必然胜利的信心。比如，在文家市会议上，毛泽东决定放弃攻打长沙，转移到敌人力量薄弱的山区，寻找革命落脚点。他在里仁学校操场上向全师指战员满怀信心地说，这次起义受了挫折，算不得什么，胜败乃兵家常事。我们现在力量还小，好比一块小石头，蒋介石反动派好比一口大水缸；但总有一天，我们这块小石头一定要打烂蒋介石那口大水缸！为此我们要保存力量，到农村去，发动农民革命。

毛泽东的讲话艺术，体现出深刻的哲理性。这种讲话艺术背后的哲学思想，包括实事求是、具体问题具体分析等，对我们做好实际工作非常有益。比如在中国革命的道路问题上，毛泽东选择了农村包围城市、武装夺取政权，放弃了苏联的城市暴动道路，很多讲话都是围绕这个问题。这就是具体问题具体分析，体现出高度的灵活性。

毛泽东的讲话艺术，体现出他丰富的生活体悟。毛泽东在韶山长大，对农村、农民特别了解。小时候的毛泽东，就好奇为什么没有专门写农民的书。毛泽东 16 岁的时候，离开家乡，外出求学。他曾和萧子升利用暑假时间一起游学，广泛接触社会各方面人物，深入了解社会生活的各个层面。社会存在决定社会意识。讲话内容来自对生活的体悟，不积极参加社会实践，不坚持群众路线，不做好调查研究，不关注农村农民，毛泽东的讲话内容就不可能这么接地气，更不可能创造性地开辟井冈山革命根据地。

毛泽东的讲话艺术，体现出他骨子里对人民的敬畏和尊重。毛泽东深刻认识到“人民群众才是真正的铜墙铁壁”、人民群众是历史的创造者,认识到占中国人口大多数的农民在中国革命中的主力军地位。比如,当时在井冈山地区有两种话,一种是大家可以听得懂的客家话,还有一种很难懂的江西话。毛泽东在与群众交流时,不仅请讲客家话的人做翻译,而且还主动学习江西话,以便更好地与群众沟通。毛泽东学江西话,表明他坚持走群众路线,时刻把群众放在心上,努力为人民服务。

毛泽东的讲话艺术,体现出他非常重视策略性。政策和策略是党的生命。领导干部讲话,必须讲究策略。讲话不能像泼水一样,一股脑泼出去就完事了。讲话要讲究的有很多,比如哪些东西该说,哪些东西不该说;哪些东西先讲,哪些东西后讲;讲话的时候,碰到别人反对怎么办;讲话者耐心有多大,被别人冒犯时应该怎么办;讲话如何与做好具体的事情协调配套;等等。领导干部只有多想一想讲话的方式和内容,多学习一些讲话的技巧,才有利于做好具体工作。

比如,当时部队很多人听不懂井冈山当地群众的江西话,交流起来很困难,直接影响到群众工作的开展。对此,毛泽东巧解说话听不懂的问题,教给了战士们具体的方法。王紫峰中将回忆说:毛主席说,要“把话讲得慢一点,把话多重复几次,并且用几种意思表达一句话,比如群众听不懂‘土豪’是什么意思,我们就用‘财东’或‘有钱人’来代替”。

讲话艺术是毛泽东领导艺术的一个方面。通过阅读《毛泽东井冈山时期的领导艺术》一书,我们会对毛泽东的领导艺术和工作方法有全面而生动的了解,对于我们在新时代新征程上,做好具体工作有一定的指导意义。

22.

以中国式现代化全面推进中华民族伟大复兴

——《中国式现代化理论与实践》出版手记

《中国式现代化理论与实践》一书，由郑新立主编，于2024年出版。我刚入职的时候，对于郑新立这种大家的书，觉得是一辈子都没机会接触到的。当时就想，做编辑要是能出这种大家的书，也就没什么遗憾了。

习近平总书记在党的二十大上指出："从现在起，中国共产党的中心任务就是团结带领全国各族人民全面建成社会主义现代化强国、实现第二个百年奋斗目标，以中国式现代化全面推进中华民族伟大复兴。""中国式现代化，是中国共产党领导的社会主义现代化。既有各国现代化的共同特征，更有基于自己国情的中国特色。中国式现代化是人口规模巨大的现代化，是全体人民共同富裕的现代化，是物质文明和精神文明相协调的现代化，是人与自然和谐共生的现代化，是走和平发展道路的现代化。"

《中国式现代化理论与实践》（2024）

习近平总书记在党的二十大报告中

对“中国式现代化”的重要特征、本质要求、战略安排、重大原则等理论和实践问题作出全面系统阐释，深刻回答了在我们这样一个具有悠久文明历史的国家“建设什么样的社会主义现代化强国、怎样建设社会主义现代化强国”这个根本问题，为全党全国各族人民奋力谱写全面建设社会主义现代化国家崭新篇章指明了前进方向，大大拓宽了发展中国家走向现代化的途径，创造了人类文明新形态。中国式现代化的系统阐述，丰富和发展了习近平新时代中国特色社会主义思想的内涵，必将指导我们在奋进第二个百年征程上夺取新的更大胜利。

可以说，中国式现代化的命题，意义重大，是主题出版必须涉及的，是绕不过去的一道坎，容不得偷懒耍滑。主题出版要深入学习贯彻习近平总书记的相关讲话精神，讲好中国式现代化的故事，为凝聚全国人民的力量作出贡献。

要策划一本图书，选题的点子（idea）好找。编辑只要关心时事，多看《人民日报》、新华社的报道，多收看新闻联播，多阅读中央文件，就能知道国家在关心什么、强调什么。比如，很多人能意识到中国式现代化是重要的选题，会萌生策划一本相关图书的念头。但是，有了点子之后，找谁来写是一件说困难也困难、说简单也简单的事。很多年轻编辑，都会面临找不到作者执笔的困惑。于是，事情很容易不了了之。在我看来，作者资源对于编辑来说，就是一笔丰富的财富。一个编辑如果没有三四十位关系很好的作者，是很难称得上优秀的策划编辑的。如何积累作者资源，或者说有了点子之后如何联系作者？其一，平常多参加会议等，与一些学者建立联系。其二，对于在我们手里出过书的作者，要精心维护，尤其重要的是，要有服务意识，把书出版好、宣传好，从而建立基本的信任。我们只有心里装着作者，作者才会放心地把作品交给我们。作品就像作者的孩子，如果编辑心里没有作者，作者怎么放心地交给我们去看管呢！其三，可以临时性地在网上搜索，看看谁写这方面的文章多，或者咨询相关专家，看看谁对这个话题关心。这体现出我们的信息搜集能力。

我在联系郑新立，问其是否对这个话题感兴趣之前，就已经与他建立了联系。我担任过《中国特色社会主义理论创新与改革经验》的责编。这本书不是我策划的，是郑新立的一个课题，成稿之后拿给我的。郑新立虽然是部级领导干部，但没有一点官架子，温文尔雅，有学者风范。我记得有一次，郑新立经过我们出版社，打电话跟我说，给我捎过来一套《郑新立文集》。我赶忙拉着一个小拖车，到楼下去接他。那一套书特别厚重，我从他车的后备箱拎到拖车上的时候，感觉到这是一位真正的大学者、大学问家，内心的敬佩油然而生。他那时 70 多岁了，我才工作五六年，能亲自送书过来，我受宠若惊，心里发誓一定要把他的书出版好。

我们看了一下他的简历，他曾任中共中央书记处研究室经济组副组长,国家信息中心副总经济师,国家计划委员会研究室副主任、主任、副秘书长、新闻发言人，中共中央政策研究室副主任，第十一届全国政协经济委员会副主任，中国国际经济交流中心常务副理事长。曾参加党的十四届三中全会、十六届三中全会、十七届三中全会、十八届三中全会《决定》和党的十七大、十八大报告起草工作，多次参加国家五年规划、政府工作报告、中央经济工作会议、中央金融工作会议文件起草工作。长期从事经济政策和经济理论研究，在投资体制、计划体制、宏观调控等方面有大量著述和独到见解。2013 年被《经济学家周报》评选为中国十大著名经济学家之一。

我们可以看出，郑新立是大家，工作经历丰富，学术水平高，参与过很多中央文件的起草，对中央的精神非常熟悉，尤其要说明的是，他对亚投行的成立作出过很大贡献。这种权威作者对我们做主题出版的来说，是可遇不可求，有机会合作的话，就要倍加珍惜，努力出版精品。“主题出版的题材和主题通常是‘高大上’的，不是宏大叙事就是严肃话题，倘若作者的权威性不足，不仅难以驾驭这样的内容，也难以获得各方面的认可。”①

先说一下《中国特色社会主义理论创新与改革经验》一书。正如该书的内容简介中所说的，在40多年的改革进程中，我们积累了许多经验，他们大多属于认识论和方法论上的，有些是程序上的，对改革的成败至关重要。重视操作上的细节，方能赢得成功。中国共产党的伟大，不仅在于能及时提出正确的理论，而且具有强大的组织能力和实施能力。这是我国的改革能够从胜利走向胜利的关键所在。这本书力求对中国特色社会主义的理论创新和改革经验做出一些概括和分析，并运用作者的亲身经历和所见所闻，对改革以来的理论创新和改革经验做出一些阐释，以作为一个拥有57年党龄的老党员对我们伟大的党的百年华诞的献礼。

《中国特色社会主义理论创新与改革经验》可谓大手笔，这个研究话题，至今仍然非常有意义。当然，这个话题很大，一般学者是不怎么敢碰的，郑新立作为很多改革的亲历者、经济学大家，由他亲自讲述，具有特殊的价值。我现在仍然以担任这本书的责编而自豪。

对于《中国式现代化理论与实践》的策划，刘森处长作出了很大

① 聂震宁：《出版力：精品出版50讲》，时代出版传媒股份有限公司、安徽教育出版社2019年版，第54页。

的贡献。他不仅是执笔者之一，而且是组织者，很多事情我跟刘森处长联系就可以了。当刘森跟郑新立汇报完这个想法之后，郑新立觉得非常不错，值得干。我记得那是一个周末，我得知郑新立同意后，很兴奋，接着就给我们总编辑辛广伟发微信，汇报这个选题策划的想法。辛总特别支持做这件事。

《中国特色社会主义理论创新与改革经验》（2022）

做任何事情，要想成功，一定要追求“天时地利人和”。我曾经策划过一本引进版的图书，书是好书，我们出版社付了外方预付款，跟译者也签订了合同，双方都兴致勃勃，认为那本书翻译过来非常有价值，但没想到的是，译者工作太忙，拖拖拉拉，5 年多时间才交稿。当时我们跟外方签订的合同是 5 年，显然已经过期了。对于这本书的出版，社里也就不怎么支持了，最后无果而终，作者拿到别的出版社出版了。真的是非常遗憾的事情！

中国式现代化的选题，作者有了，出版社的领导也支持，就大体成形了，剩下的就是具体执行问题。比如书稿的规模、什么时间完稿，郑新立担任主编，具体谁来执笔，等等。对于郑新立这种大家来说，这些具体的问题，都是小问题。

该书于 2024 年出版，引起很好的反响。本书以习近平新时代中国特色社会主义思想为指导，运用改革开放以来我们党的创新理论和基本经验，以及到 2035 年和 21 世纪中叶的奋斗目标、战略部署等，坚持理论与实践相结合，力求从多个维度对党的二十大提出的中国式现代化理论进行全面阐释。本书是广大党员干部深化对中国式现代化的认识，提高工作水平的生动读物。

《从七种思维看数字经济》（2024）

我还与郑新立一起策划出版了《奔向 2035 的新发展格局》《从七种思维看数字经济》等书籍。《从七种思维看数字经济》一书的作者是郑新立、刘西友。刘西友是我的老乡，在国家机关工作，非常忙，但他非常勤奋好学，业余时间用来写作，不遗余力。很多网友认为，从辩证思维等看数字经济，让人眼前一亮。这种赞许是对作者和编者的认可！

做主题出版，我们必须珍惜每一次机会，为大家做好服务。出版精品图书，才能对得起这个时代！

23.

探讨中国共产党人的执政理念

——《天下为公：中国共产党与新时代中国特色社会主义》出版手记

这是一本我与中共中央党校（国家行政学院）的郝永平教授合作的书。郝永平教授跟我合作的书，还有《天下为公：中国共产党与中国特色社会主义新发展阶段的开创》《伟大斗争与新时代共产党人的使命担当》《伟大梦想与立党兴党强党》等。现在看来，已经成为一个系列。可以说，郝永平老师在我这里出版的这些著作，有一个共性，就是都是典型的主题出版图书，它们共同的指向是解读习近平新时代中国特色社会主义思想。这个解读，是具体地就习近平新时代中国特色社会主义思想的某一个论断等展开论述，有利于推动习近平新时代中国特色社会主义思想的走深走实。这与中宣部组织的《习近平新时代中国特色社会主义思想学习纲要》等总体性解读类读物有所区别。我选择《天下为公：中国共产党与新

《天下为公：中国共产党与新时代中国特色社会主义》（2018）

《伟大斗争与新时代共产党人的使命担当》（2019）

《伟大梦想与立党兴党强党》（2021）

时代中国特色社会主义》一书来撰写出版手记，是因为它具有一定的代表性，可以用来阐释这类主题出版物应该怎么做。

一、从大道之行到天下为公

先从中国人民大学出版社出版的一本畅销书说起。中国人民大学出版社出版的《大道之行：中国共产党与中国社会主义》一书，是京沪五位青年学者鄢一龙、白钢、章永乐、欧树军、何建宇的最新力作。该书分析了我国治理体系和治理能力的得失，不仅旗帜鲜明地支持党的领导和社会主义，而且诚挚地指出在新技术的时代如何改善党的建设和如何坚持走社会主义道路。[①]

我关注到这本书后，也买来阅读。我由此思考，中国走中国特色社会主义道路，是人间大道。那么，这条人间大道的目的是什么？我认为就是天下为公——天下是人民的天下，也就是习近平总书记强调的以人民为中心的发展思想。那么，我们是不是有必要策划一本书，重点讲述中国共产党与新时代中国特色社会主义关系的本质——天下为公、为人民服务、以人民为中心。“天下为公”，出自《礼记·礼运》“大道之行也，天下为公”，代表着一种美好社会的政治理想。

本着这样的想法，我就与黄相怀教授联系，通过黄相怀又与郝永平馆长（时任中共中央党校图书馆馆长）建立了联系。郝永平和黄相怀对于我的建议，非常赞同，于是我们就相约见面。记得第一次见面是在郝永平教授的家中。初步意向达成之后，我就回社里填报选题，辛广伟总编辑、张振明主任也非常支持。

---

① 《大道之行：中国共产党与中国社会主义》，载《山西日报》2015 年 4 月 21 日。

该书的第一版是《天下为公：中国共产党与中国特色社会主义新发展阶段》，于2017年党的十九大召开之前出版，那时的提法是“新发展阶段”，官方还没有提出“新时代”。党的十九大将“新发展阶段”的提法更改为“新时代”。这种主题出版图书，尤其要关注形势的发展变化，中央的一些提法变了，我们要对内容进行相应的调整，将中央的最新精神体现在书中，从而做到与时俱进。主题出版要传递中央的精神，不与时俱进也就失去了主题出版的价值与意义。于是我们又在第一版的基础上，根据党的十九大精神，对书稿内容进行了修订，于是有了《天下为公：中国共产党与新时代中国特色社会主义》一书。

二、没有特色，书就没有了价值

主题出版最忌讳的是千篇一律。《天下为公：中国共产党与新时代中国特色社会主义》特色鲜明，从而深受读者的喜爱。

第一，紧扣中心，围绕主题。该书重在阐释中国共产党人的“天下为公”精神。书中指出，中国共产党实现中华民族伟大复兴中国梦的远景目标、始终坚持以人民为中心的价值目标、让人民群众始终感受到公平正义的社会建设等，就鲜明地体现出了中国共产党人的“天下为公”。坚持和发展中国特色社会主义的事业目标、践行新发展理念的发展目标和建成伟大事业的坚强领导核心的党建目标，包括“四个全面”战略布局和“五位一体”总体布局等都是为了实现人民群众对美好生活的向往，都是为了实现中华民族伟大复兴的中国梦，归根结底都是一切为了人民。[①]用“天下为公”来提炼中国共产党人的奋斗目标，可谓非常精练、响亮，能让广大读者很容易地加深对中国共产党的认识。在党的十九大报告中，习近平总书记在结尾处激情澎湃地讲道：“大道之行，天下为公。站立在九百六十多万平方公里的广袤土地上，吸吮着五千多年中华民族漫长奋斗积累的文化养分，拥有十三亿多中国人民聚合的磅礴之力，我们走中国特色社会主义道路，具有无比广阔的历史舞台，具有无比深厚的历史底蕴，具有无比强大的前进定力。”2022 年召开的党的二十大指出，中华优秀传统文化源远流长、博大精深，是中华文明的智慧结晶，其中蕴含的天下为公、民为邦本、为政以德、革故鼎新、任人唯贤、天人合一、自强不息、厚德载物、讲信修睦、亲仁善邻等，是中国人民在长期生产生活中积累的宇宙观、天下观、社会观、道德观的重要体现，同科学社会主义价值观主张具有高度契合性。从中我们可以看出，“天下为公”排在第一位，天下为公的理念对我国社会主义发展非常重要。对天下为公的理念结合新时代中国特色社会主义的生动实践，进行深度挖掘和阐释，有利于推动马克思主义基本原理与中华优秀传统文化相结合。

第二，结构框架合理，逻辑顺畅。对于一本主题出版类的图书而言，编辑尤其应该关注内容的框架。框架是图书的骨骼，内容是图书的血肉。在我看来，一旦书名确定之后，框架合不合理，就是最关键的一个问题。只要框架合理，这些作者都是理论名家大家，在内容的写作上是不会遇到多大困难的。对于图书框架的设计，需要作者和编辑共同来完成。很多年轻编辑或许会觉得，这对于编辑来说要求太高

① 谢煜桐：《新时代“天下为公”的基本主旨》，载《北京日报》2018 年 4 月 2 日。

了。我要说的是，这一点也不高。编辑要加强学术修养，提高研究问题的能力，对要策划的书形成大体的思路，并且联系到读者的需求，和作者共同设计图书内容框架。具体工作中可以在相互沟通之后，由作者起草框架，然后再由编辑提建议，作者也阐述对编辑所提建议的想法，友好协商，达成一致后，进行调整完善。有时候来来回回，需要多次沟通调整，非常磨人。需要特别强调的是，这个过程中，编辑相对于作者，更了解读者爱好和市场需求，因此要在框架设计上重点考虑这一方面；编辑相对于作者，有时候知识面要更宽一些，毕竟编辑是所谓的“杂家”，较宽的知识面，有利于编辑优化图书框架。

该书共分为上、中、下三个部分，即目标篇、路径篇和成效篇，分别从愿景目标（中国梦）、事业目标（中国特色社会主义）、发展目标（新发展理念）、价值目标（以人民为中心）、党建目标（坚强领导核心）等目标，“四个全面”战略布局、创新引领、伟大斗争、网络治理、掌握马克思主义、全面从严治党等路径，“五位一体”总体布局（即经济建设、政治建设、文化建设、社会建设和生态文明建设）以及国防建设和中国贡献等成效，进行了全方位、比较系统的梳理与总结。目标决定手段（路径）的选择，手段选择得是否正确，又决定取得成效的大小。这种对新时代中国特色社会主义的整体把握，逻辑清晰，论证步步深入，体现出中国特色社会主义理论逻辑与实践逻辑的统一。

第三，兼具学术性与通俗性。这个话题我在前面也提过。在主题和框架确定之后，就涉及一个具体怎么写的问题，比如是写成研究性著作还是通俗读物？或者是半学术类的读物？《天下为公：中国共产党与新时代中国特色社会主义》一书，选择了折中的办法，在学术性与通俗性之间寻求平衡。可以说，这种就习近平新时代中国特色社会主义思想的某个具体论断进行解读的主题出版物,尤为重要的一点是，必须做到学术性与通俗性的相统一，或者说是“用学术讲政治”。并不是所有的主题出版图书都需要用学术讲政治，比如纪实文学，那是用故事在讲道理，用事实在说话。《天下为公：中国共产党与新时代中国特色社会主义》这种图书，如果没有一定的理论深度，是很难将习近平新时代中国特色社会主义思想的精髓讲透彻的；如果语言不够通俗生动，全是高深的理论和晦涩的语言，就失去普及的可能，从而难以影响足够多的群众。《天下为公：中国共产党与新时代中国特色社会主义》一书中说：“事实一再证明并将继续证明，可爱可敬的中国人民，其聪明才智一旦被合情合理、有序有效地激发调动起来，必然会爆发出惊人的力量；敢想敢干的中国共产党，其雄才大略一旦聚焦于富强国家、造福人民的伟大事业中，必然创造出骄人的成就。”我们可以看出，这本书语言风格上的通俗易懂。

可以说，以上三点，是郝永平、黄相怀系列丛书的鲜明特色。比如《伟大斗争与新时代共产党人的使命担当》一书，也具有这三个鲜明的特色，深受读者欢迎，已经发行了 4 万册。在我看来，只要把握好以上三点，在选题策划和写作上，就有了明确的方向，策划出来的图书，就能增色不少。很多年轻的学者，不太懂通俗读物怎么写，我觉得他们只要按照这三点去做，就能有所增进。

在与郝永平的交往中,我感受到做学问首先要先做人做事的道理，他宽以待人，严以律己，对学生生活上关爱，在学术上又严格要求。在与他的交往中，我觉得自己多了一位导师。郝永平的学生说，跟老师合作写文章或写书，稿子都要多次修改完善；老师的建议既有宏观框架类的，也会具体到个别字词的使用，甚至连标点符号的使用，他也特别留意，帮着订正。我在编辑郝永平书稿的过程中，发现其中的错别字、知识性错误等可谓少之又少。这种严谨务实的作风值得我们学习！

郝永平为人低调随和。有一次我要在中央党校校园内的大有书局，将新书码堆销售，还专门做了一个易拉宝进行宣传。他觉得太高调了，说书可以码堆，但不可以把易拉宝放在书店门口。从中我们可以看出，他是在踏踏实实做学问，不事张扬。

24.

勇于去做学者型编辑

——《工作要有方法》出版手记

《工作要有方法》一书的出版过程中，我的角色是策划并担任作者之一，出版是由北京联合出版有限公司承担的，他们是出版方。我在这里想谈谈这本书的策划、写作等方面的一些经验与体会。

先看看这本书要讲的内容吧。《工作要有方法》一书深入阐释了坚持问题导向、保持战略定力、牵住“牛鼻子”、抓好顶层设计、敢于啃“硬骨头”等方面的重要工作方法。书中结合中国共产党百年奋斗历程中的典型经验，选取30条具有代表性的工作方法，涵盖调查研究、批评和自我批评、民主集中制、学会“弹钢琴”、举重若轻、不争论、兼容并蓄、“摸着石头过河”、抓好典型、牵住“牛鼻子”、系统观念、敢于啃“硬骨头”、“绣花”功夫等方面，帮助读者提高运用科学理论思维观察事物、分析问题、解决问题的能力。

《工作要有方法》（2023）

可以说，这本书以中国共产党百年党史为大背景，紧扣新时代党员领导干部应该如何提高执政能力，属于典型的主题出版读物。

一、工作做不好，很多时候是因为方法不对头

我在出版《共产党员应知的党史小故事》一书的过程中，发现很多小故事，实际上里面都涉及怎么干好工作的方法问题。主题出版类图书，重视用小故事折射大道理，这是小故事背后的理论逻辑，其实，小故事也体现工作方法，这是小故事背后的实践逻辑。这就是说，编辑在做书的过程中，一定不能就事论事，而是要在编辑稿子的过程中，学会深入思考。这种思考，不仅加深了对图书内容的整体把握，为后面的校对、装帧设计、宣传、发行等提供前提和基础；而且，可以在编辑的过程中，深入逻辑和文字的背后。很多市场空白点就是在这种思考中发现的，思考得越多越深入，我们就会提出越多的问题。马克思说："一个时代的迫切问题，有着和任何在内容上有根据的因而也是合理的问题共同的命运：主要的困难不是答案，而是问题。因此，真正的批判要分析的不是答案，而是问题。"努力解决这些时代的问题，就是主题出版的使命与担当。当一本有价值的图书出版之后，读者翻开书本，有"山重水复疑无路，柳暗花明又一村"的感觉，这就达到了出版的目的。

另外，我毕业之后，在工作中也经常犯错误，比如一个作者找到我，说手里有一个很好的选题，我自己犹豫不决，拿不定主意，不知道是否适合出版，这个时候，我应该去找领导沟通，但我看领导太忙，觉得去找领导是给他们添麻烦。于是我就拖着，时间长了，作者等不及了，就给别的出版社了。我经过反思，觉得这是自己工作方法不对头，不擅长跟领导沟通，"沟通也是一种生产力"。看着煮熟的鸭子

飞走了，谁不痛心！

有时候，事情办不好，达不到上级的要求，不是因为知识不够，不是因为能力不行，也不是因为我们懒惰成性，而是因为我们缺少思路，缺少一定的工作方法。关于工作方法的重要性，毛泽东早有过重要的论述："我们的任务是过河，但是没有桥或没有船就不能过。不解决桥或船的问题，过河是一句空话。"桥或船，就是指的工作方法。也就是说，在我们党的历史上，对工作方法的重视，一直是一个很好的传统。比如《党委会的工作方法》一文，就是毛主席专门讲工作方法。习近平总书记还就学习毛泽东同志《党委会的工作方法》作出重要批示，明确要求各级领导干部重温这篇著作。在《党委会的工作方法》之外，毛泽东还写过《关心群众生活，注意工作方法》《关于领导方法的若干问题》《关于健全党委制》，为中央起草过《工作方法六十条（草案）》。这些关于工作方法的文献，是研究我们党治国理政方法论的重要材料。

反观当时的图书市场，已经有研究毛主席工作方法的书，且品种很多，但对于党史百年进行系统梳理提炼，总结党百年的工作方法的书却没有。在这种情况下，我就决定邀请一位学者撰写一本工作方法的书。我尝试联系过几位学者，但人家太忙，或者是因为不感兴趣，就没有谈成。这样搁置了有半年时间。后来我和一位做出版的朋友吃饭聊天时，她说，你也是中国人民大学的博士，每天做主题出版的图书编辑工作，对党史等也算了解，你可以自己写这么一本书呀，我们来出版。我听了之后，觉得这是一个好主意，可以尝试一下。但我觉得自己对一些问题把握不好，就提议再找一位专家学者共同完成。于是我就邀请郝永平教授来当主编。

这就是《工作要有方法》一书策划的缘起。我是打算当策划编辑的，却歪打正着当了作者之一。但我觉得，编辑写点东西，做一些研究，非常有必要。让写作和编辑工作相互促进，应该是我们可以努力的方向之一。很多作家都当过编辑，比如鲁迅。又如，中国文坛“四大名编”之一张守仁，既是编辑家、散文家，同时也是优秀的翻译家，是《十月》文学期刊创始人之一，从事文学编辑 40 余年，一辈子为文学事业鞠躬尽瘁，也与作家们结下了深厚的友谊。他这样说道：“作为好编辑还要写作。你不写作，就没法改人家的稿子。我最欣赏的是，面对一部三四十万字的稿子，写一个七八百字的编前语，把最精彩的内容提炼出来，同时这七八百字本身就是好的评论。没有写作能力怎么写出好的编前语？怎么能帮助作家提高？”[①] 我做主题出版，当然无法跟这些大家相比，但这种练笔，与大家的经历，应该有一些相通之处。

二、要勇于去做学者型编辑

我们进了出版行业之后，要把编辑当作事业，而不是仅仅当作一份职业。李昕认为，如果把编辑当作一个职业的话，很不划算，因为它给你带不来多大的收入，又带不来多大的权力，不如去经商或做公务员。如果我们把编辑当作事业来追求的话，那么，学者型编辑就是我们这种做主题出版的人可以考虑的一条路。

当然，走学者型编辑这条路，是需要勇气的，注定不会太平坦。我们说编辑是杂家，意味着编辑的接触面很广，但不能就某一个领域

① 舒晋瑜：《张守仁：只有一流编辑，才能编出一流刊物》，载《中华读书报》2020 年 2 月 12 日。

深入下去。一旦围绕一个领域深入下去了，就可能成为学者型编辑。编辑一般要同时经手很多书，且毕业没几年就有家庭需要照顾，闲暇时间非常少，这也增加了做学者型编辑的难度。另外，编辑在审读书稿的过程中，与做研究时读书有一定的不同。责任编辑要做的是给书稿把关，一个字一个字地阅读，很多注意力放在书稿有没有差错上。而搞研究，重视的是观点、理论、事例和逻辑论证，并进行深入思考，追求创新，个别字词、段落、篇章甚至不看都不影响研究工作。所以说，责任编辑审读书稿的过程，不是严格意义上的学术研究过程。

我作为作者之一去写《工作要有方法》一书，虽然仅仅是一本通俗读物，但也花费了大量时间，查阅了大量资料，在郝永平的指导下反复修改，有时候郝永平自己动手改，这让我深受感动。通过这些磨炼，我感受到对一个问题进行深入研究的艰难，也感觉到对一个学科要有敬畏之心，不下苦功夫是很难有所收获的。当然，我们也没必要妄自菲薄。编辑每天接触大量的书稿，只要重视日积月累，就能有自己的积淀，到恰当的时机，每天都阅读的好处，就会像春天的小草一样破土而出，在阳光下带着露珠，熠熠生辉。

三、从工作方法的角度，总结共产党的成功经验

中国共产党的百年奋斗史是一个丰富的宝矿，主题出版要从中挖掘出有价值的题目。这方面的图书，我还策划过《百年大党珍闻录》《共产党员应知的党史小故事》《你不知道的抗战故事》《中国特色社会主义理论创新与改革经验》等图书。中国共产党在领导中国人民进行革命、建设和改革的过程中，不断从一个胜利走向另一个胜利，从建党之初的 50 多个人的小党发展成为 1 亿多名党员的世界最大政

《你不知道的抗战故事》(2015)

党，带领中国人民迎来了从站起来、富起来到强起来的伟大飞跃。中华民族伟大复兴展现出无比光明的前景。毫无疑问，中国共产党的成功经验，就是最典型的成功学。现在很多年轻人看明星是如何成功的，倒不如看看中国共产党是如何成功的。

《工作要有方法》一书，就是从工作方法的角度，挖掘共产党的成功经验。这些经验，是中国共产党在解决实际问题的过程中总结出来的，比如做好调查研究。毛泽东是做好调查研究工作的典范。他指出："闭门求学，其学无用，欲从天下国家万事万物而学之，则汗漫九垓，遍游四宇尚已。"意思就是要了解社会就必须走进社会，到社会各个领域去观察体验民众生活。1917 年，毛泽东对湖南长沙、宁乡、安化、益阳、沅江五个县进行了"游学"式的考察。1918 年，毛泽东和蔡和森一起对浏阳、沅江进行了半个多月的考察。1927 年 1 月 4 日到 2 月 5 日，毛泽东回到当时农民运动发展最为迅猛的湖南考察农民运动。在 32 天里，毛泽东步行 700 多公里，实地考察了湘乡、湘潭、衡山、醴陵、长沙五县的农民运动情况。在乡下和县城，毛泽东广泛地接触和访问广大群众，召集农民和农民运动干部，召开各种类型的调查会，获得了大量的第一手资料。2 月 5 日毛泽东结束考察回到长沙后，在湖南区委几次作关于农民问题的报告。2 月 12 日，毛泽东回到中央农民运动委员会驻地武昌，在武昌都府堤41号住所的卧室内，撰写了《湖南农民运动考察报告》这篇重要的马列主义文献。1930年5月，毛主席在《反对本本主义》一文中指出：“你对于那个问题不能解决么？那么你就去调查那个问题的现状和历史吧！你完完全全调查明白了，你对于那个问题就有解决的办法了，一切结论产生于调查研究的末尾，而不是它的先头。”“调查就像‘十月怀胎’，解决问题就像‘一朝分娩’。”从毛泽东的实践和论述中，我们能感受到调查研究之于中国革命成功的价值意义。对这些工作方法的深入学习，必然有利于党员干部提高工作能力。

四、具有实用性的主题出版图书，容易获得不错的销量

在当前图书市场不景气的情况下，工具性的、实用性的图书仍然有不错的销量。比如入党培训使用教材、三会一课、怎么讲党课等。我与徐川策划的《高校辅导员的七项修炼》，也获得了4万册的销量。这说明什么？在我看来，主题出版的目的有两个，一个是解决信仰的问题，坚守共产党人的初心和使命；另一个就是提高治国理政能力。解决好信仰问题，我们才能举对旗，走对路，不犯颠覆性错误；解决好

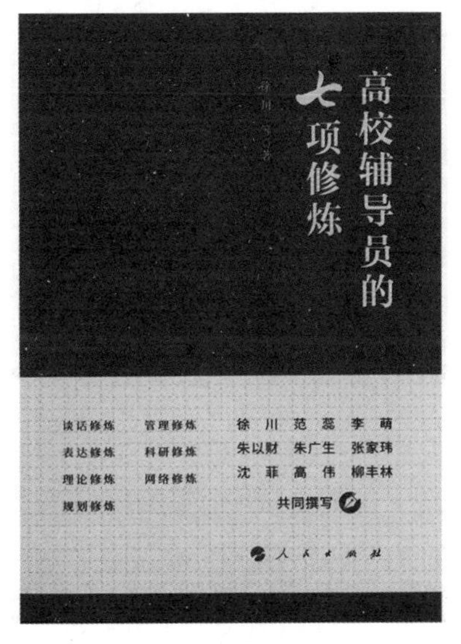

《高校辅导员的七项修炼》（2022）

治国理政能力问题，我们才能保证高质量发展，以中国式现代化全面推进强国建设和民族复兴伟业。通过《工作要有方法》一书的写作及出版，我认为主题出版不能忽视实用性方面的作用。

结　语

践行“四力”，提高主题出版策划能力

2018年8月，习近平总书记在全国宣传思想工作会议上强调，宣传思想干部要不断掌握新知识、熟悉新领域、开拓新视野，增强本领能力，加强调查研究，不断增强脚力、眼力、脑力、笔力，努力打造一支政治过硬、本领高强、求实创新、能打胜仗的宣传思想工作队伍。在新时代，做好主题出版工作，也要练好脚力、增强眼力、强化脑力、提高笔力，不断苦练内功，这样才能多出精品力作，做好宣传工作，满足人民日益增长的精神文化需求。

第一，练好脚力。对于主题出版图书的策划来说，编辑练好脚力非常重要。我们这里说的脚力，一是具体地说，就是多出去参加会议、拜访专家学者，多去书店了解图书的销售情况等。只有走出去，编辑才能获得更多的信息，解决编辑与作者之间信息不对称的问题；只有走出去，才能与作者进行沟通交流，增进与作者的感情；只有走出去，才能了解图书市场状况，知道读者喜好。青年人刚进入行业，一定要多出去走走。当然，在外奔波是辛苦活儿，但一分耕耘一分收获。二是抽象地说，就是做好调查研究。没有调查就没有发言权，更没有决策权。1927年3月，毛泽东同志发表了《湖南农民运动考

察报告》，这篇文章是为了答复当时党内党外对于农民革命斗争的责难而写的。为了写这个报告，他到湖南作了32天的考察工作，足迹遍布5个县。因为有了实地调查的材料作为依据，他大胆断言："很短的时间内，将有几万万农民从中国中部、南部和北部各省起来，其势如暴风骤雨，迅猛异常，无论什么大的力量都将压抑不住。"没有调查研究，就没有农村包围城市的中国革命道路。习近平总书记也多次强调，调查研究是谋事之基、成事之道，没有调查就没有发言权，没有调查就没有决策权。2023年3月，中共中央办公厅印发了《关于在全党大兴调查研究的工作方案》，并发出通知，要求各部门结合实际认真贯彻落实。对于主题出版的策划来说，调查研究的重要性再怎么强调也不为过。编辑平常要多去书店、书展转转，看看哪些图书摆在显要位置，问问哪些图书卖得好受欢迎；如果要策划某个主题的相关图书，就必须首先收集这方面的相关资料，对这方面的出版情况有基本的了解，才能明确自己策划的方向；对这方面学术界的研究状况有基本的了解，才能去发现空白点；对某个作者的研究水平、写作风格、时间安排等有系统的了解，才能有目的地向其约稿，提高约稿成功率，保证书稿质量。比如，我2011年工作之后，基于自己本科和研究生时所学的国际政治专业知识，主动拜访中国人民大学国际关系学院的吴征宇教授，就海权问题相互交流想法。当时马汉的《海权论》等国内已经有中文译本，但美国、英国、日本、德国、法国、俄罗斯、印度等国家的海洋发展战略相关译著较少，尚有空白。而对于我们建设海洋强国来说，其他国家的海军发展史有借鉴意义，其他国家的海洋发展战略是我们制定政策的参考。因此，我和吴征宇交流之后，策划了"大国海洋战略译丛"，产生了很好的社会效益。又如，我经常去王府井书店、西单图书大厦等看看主题出版的图书都有哪些，看看同行们在做什么，看看那些写作通俗读物的作者简历、写作风格等。当当政治类的新书排行榜、热销图书的排行榜，我也经常点开看看，这样对哪些书卖得好就心里大体有数了。编辑要做个有心人，这样才能发现好的选题。

第二，增强眼力。在我看来，对于主题出版来说，眼力主要是一种判断力、洞察力。对于主题出版图书的策划来说，搜集材料等属于脚力的环节，而对搜集来的材料加工整理并进行深入分析，提出选题策划方面的真知灼见，则体现的是一个编辑的眼力。自主策划的图书，从编辑与作者的关系角度来说，主要有三种情况：一是编辑提出创意，作者认可接受，并积极配合；二是作者提出创意，编辑认可；三是交流中互相激发，最后达成共识，提出一个双方都认可的方案。不管是哪种情况，策划编辑如果没有一定的判断力，在与作者的互动中就会失去主体地位，让作者对编辑水准产生怀疑，不会放心地把书稿交给编辑，同时，作者拿过来什么我们就出什么，也体现不出图书策划的价值。

在提出策划方案之后，判断力主要体现在，对选题的学术价值或者社会公益性作出判断，对选题的市场需求作出判断，对作者能否承担选题的写作任务作出判断，对选题的政治导向、是否违背公序良俗等作出判断，对自己所在的出版单位是否有能力完成选题的出版任务作出判断，对整个出版流程需要怎么优化作出判断，对装帧设计要产生的大体效果作出判断，对宣传推广要使用什么方法策略作出判断，等等。

策划编辑虽然不具体参与图书的文字加工工作，但对于提纲的设计等，也必须增强政治意识，把讲政治放在第一位，避免传播错误思想观念，尤其要避免传播西方错误的意识形态，比如“普世价值”、宪政民主等。在生成式人工智能快速发展的当今，尤其是 DeepSeek 的异军突起，更让我们看到了判断力的重要性。“随着生成式 AI 技术的不断迭代和性能增强，其所生成的内容无论是语气还是表达方式都越来越接近人类，这也导致有利用 AI 生成虚假信息的现象日益严重。”[①] 比如人工智能会“一本正经地胡说八道”，主题出版策划过程中就应具有一双慧眼，不被这些错误的信息所干扰，把好政治关，避免进入生成式人工智能带来的意识形态陷阱。

有一个因素对判断力的影响不可忽视，就是编辑的社会担当。社会担当需要勇气和判断力，而是否具有对社会负责的责任感则影响到判断力。编辑在工作中会遇到各种矛盾和挑战，作出决策时容易受各种因素的干扰，有时候让人感觉仿佛是“一团乱麻”，剪不断，理还乱。而编辑的社会担当意识，则相当于“快刀”。实际工作中，编辑应该秉持客观公正的立场，坚守文化的底线和原则，坚守职业道德，在尊重法律法规的前提下，对读者负责、对国家和社会负责，为文明的传承、知识的传递、新学术观点的传播、新文学作品的发掘等贡献出力量。“莫应丰的《将军吟》是一部描绘‘文革’初期政治斗争的长篇小说，投稿到人民文学出版社后面临了诸多争议。然而，时任社长韦君宜以坚定的担当精神和敏锐的文学眼光，力排众议，原汁原味地呈现给了读者，并使之获得了第一届茅盾文

---

① 张玉国、李妍：《出版业在 AI 时代的机遇与挑战及版权制度的应对》，载《新华文摘》，2025 年第 4 期。

学奖。”[①] 出版史上类似的案例很多，很多出版社由于判断力的原因，与一些好书失之交臂，让人惋惜。

《药草芬芳——发现中医药之美》一书之所以在人民出版社出版，是因为作者管弦主动投稿。当我从邮箱里众多的稿子中，看到这个稿子的书名、目录、样张时，眼前豁然一亮，有种“柳暗花明又一村”的感觉。中医药是我国的宝贵传统文化资源，是中华民族同疾病作斗争的经验总结，是人类在长期的养生、预防、医疗实践中逐渐形成的富有特色的医疗理论体系。弘扬中医药文化是新时代的一大任务。管弦用文学的语言把中药材的植物等，结合历史传说、诗歌、中医药知识，娓娓道来，可读性强，是普及中医药知识的优秀读物。通读书稿后，基于以上判断，我果断申报选题，促成了合作。

另外，对于一些垃圾书稿，编辑也要果断舍弃、退稿，不可碍于人情等，对其进行凑合出版。垃圾终归是垃圾，再怎么粉饰，也臭不可闻。出版垃圾书稿，损害的是出版社和编辑的信誉，属于自毁长城，编辑绝不可只为了眼前利益，干这种事！

第三，强化脑力。对于主题出版图书的策划来说，脑力主要是思考力。眼力与脑力密切相关。眼力是需要作出决策时的判断力；脑力则是编辑平常的学习与思考。没有学习和思考，也就很难有创新能力。编辑被称为杂家，意味着学习将伴随着编辑的整个职业生涯，活到老学到老。习近平总书记举过这样一个例子：“现代人才学中有一个理论叫做‘蓄电池理论’，认为人的一生只充一次电的

① 吴平：《出版家的人文情怀与社会担当：理论阐释与实践探索》，载《出版科学》，2024 年第 5 期。

时代已经过去，只有成为一块高效蓄电池，进行不间断地、持续地充电，才能不间断地、持续地释放能量。”年轻编辑在工作过程中，要保持开放的态度，多接触新知识，比如对于党和国家的大政方针等，持续跟进学习，这样才能围绕中心、服务大局，策划出更多的优秀主题出版物；对于人工智能、元宇宙、区块链、云计算等新知识，要及时了解，不可闭目塞听；学习重在日常的积累，要有耐心，“不积跬步，无以至千里”，只有量变到一定程度才能引起质变。我于2015年策划的图书《“一带一路”：机遇与挑战》，就是在不断学习的过程中，认识到习近平总书记提出的“一带一路”倡议在我国改革发展中的重要意义。“一带一路”是中国贡献给国际社会的公共产品，是中国希望广大发展中国家搭中国的便车，是中国发挥自己的基础设施建设优势，推动“一带一路”国家的互联互通，是崛起的中国对国际社会的担当。当时国内主要是电视台、报纸、网站等刊发大量的相关文章，而图书这一领域尚缺乏好的通俗读物。也就是说，在出版领域，存在一个市场空白点。于是我与中国人民大学的王义桅教授联系，从而策划出版了国内第一本通俗解读“一带一路”的图书——《“一带一路”：机遇与挑战》。

平常的工作中，我发现有的主题出版策划编辑存在明显的知识面不足的问题。比如，仅仅对某一学科的知识有所了解，有的甚至连自己所学的专业，功底都不扎实，跟学者交流时底气不足，更谈不上对书稿框架提出建议。有的编辑认为自己是博士毕业，自己已经到了可以写书的水平，担任编辑属于大材小用。实际上，博士只代表对某个专业有深入研究。对于现实世界来说，一些问题很难用单一的学科知识予以解释。主题出版策划的图书，要想提高质量，开阔读者的视野，帮助他们打开工作思路，就应该多学科多角度对某一问题分析研究。相应地，主题出版策划编辑，时刻保持谦虚谨慎的态度，多读书多学习，对多学科知识有所涉猎，就是应该努力的方向之一。

第四，提高笔力。很多策划编辑认为，作者是图书内容的供给侧，策划编辑主要提供创意，不需要自己有多深厚的文字功底能力，尤其是写作能力。很多人发现，在一些出版社，拥有博士学位的编辑不一定就比硕士的业绩好，由此得出学历无用论，进而推导出研究能力、写作能力的无用。在我看来，主题出版的策划编辑，提高笔力的原因有以下几点：其一，策划编辑应向学者型编辑方向发展。学者型编辑意味着，编辑不仅要对某一个学科或几个学科有深入的研究，而且要有一定的写作能力。研究与写作是相互促进的关系，很难分开。好的编辑，通过大量的阅读，可以发现一些市场空白点，在此基础上进行深入研究，就很容易出成果。其二，策划编辑在业余时间，也要对自己的策划经验进行思考和总结，并形成论文、著作等，从而在反思中提高自己的策划能力，也为同行做好主题出版提供启示与借鉴。其三，可撰写书评，将自己对图书内容的思考与整体性把握形成文字。责编作为该书的第一个读者，在认真审读和编辑加工的时候，不知不觉中对书稿产生一定的想法，这些想法形成文字，有可能成为一篇很好的评论，并通过报刊等渠道发表。这将有利于图书的宣传和推广。其四，策划编辑撰写策划方案，也需要一定的文字功底。策划编辑的想法能否得到社里的认可和支持，很大程度上看策划方案写得怎么样。好的策划方案，能把选题的亮点写出来，让人看后有醍醐灌顶之感。策划方案的写作，考验编辑的写作能力。在工作中，我对于自己策划的图书，经常写一些简要介绍图书内容的书评，比如《做一个思想清醒的人——提升党员干部意识形态能力》（作者黄相怀）是我 2018 年策划并责编的图书，该书出版后，我撰写了《思想清醒才能明辨是非》一文，发表在 2019 年 3 月 21 日的《内蒙古日报》上。其五，一个编辑的业务能力是多方面的，写作能力和研究能力是非常重要的一个方面，一些高学历的编辑业绩不好，很可能与组织协调能力、沟通交往能力等有关，也与是否勤奋、是否乐于奉献等精神层面的因素有关，但绝对不是研究写作能力过于强而拖后腿所致。研究写作能力只会加分，不会减分。

总之，新时代的编辑，做好主题出版工作，必须练好脚力、增强眼力、强化脑力、提高笔力，立足所学专业知识和所在出版单位专长，提高业务能力和综合素质，把社会效益放在首位，着眼时代需求和读者兴趣，努力策划出更多的精品力作！

后　记

感恩这个时代！

自2011年7月我从中国人民大学国际关系学院毕业以来，一直在人民出版社政治编辑一部从事主题出版等工作，工位14年没换过。2012年党的十八大召开之后，党和国家重视主题出版，我作为主题出版队伍中的一粒沙，为新时代取得的历史性成就、发生的历史性变革而感到自豪。看到国家蒸蒸日上，前所未有地接近实现中华民族伟大复兴的中国梦，我从事主题出版，也希望能通过图书展现和记录新时代！

这本书的缘起，是2024年人民出版社蒋茂凝社长与我的一次谈话。他建议我把自己出版的图书整理一下。蒋社长高屋建瓴，每次与他谈话我都深受教益。对于他的这个建议，我觉得真是谆谆教诲，非常不错。

我在日常的工作和学习中发现，很多从事出版行业的专家前辈，大多是退休之后回顾自己的职业生涯，然后写下自己的经验与体悟。每次拜读他们的大作，我都如沐春风，然后结合自己的工作实践，仔细反思推敲，希望有所提升。其实，在一线工作的我们，边行走边思考边总结，对有益的东西予以吸取，对前车之鉴予以警醒，也是大有裨益的。这有利于我们在未来的路上走得更坚定、更踏实、更从容。

于是，我就按照蒋社长的建议，把自己从事14年的工作经历进行梳理。通过梳理发现，我做的书已经不下 200 种，一条最重要的主线，就是主题出版。

做好主题出版，是国家和社会对人民出版社的要求。人民出版社作为党的出版社，历来坚持把讲政治放在第一位，服务于党和国家工作大局，出版了大量的精品力作。

2021 年，在人民出版社成立 100 周年之际，习近平总书记发来贺信，他在贺信中指出，100 年来，人民出版社出版了一大批马克思主义经典著作、党和国家重要文献和高水平哲学社会科学著作，为推动马克思主义中国化时代化、传播党的创新理论、繁荣社会主义文化作出了重要贡献。希望人民出版社赓续红色血脉，始终紧跟中国特色社会主义发展步伐，着力传播马克思主义和党的创新理论；始终坚持为人民出好书理念，着力展现党和国家发展历程、丰富人民群众精神文化生活；始终坚持高质量发展，着力深化改革创新，为推动社会主义文化繁荣发展、建设社会主义文化强国作出新的更大的贡献。

我作为人民出版社的一员，认真学习贯彻习近平总书记在贺信中的指示和要求，希望能为主题出版尽自己的微薄之力。

在写作过程中，我以自己责编或策划的图书为主线，把体悟写下来。这些体悟，零零散散，很不成体系。我是一线的人员，这些体悟侧重于我是怎么与每本书结缘的，一个选题策划的想法（idea）是怎么产生的，是怎么与每位作者建立起联系的，策划或编辑书稿中有什么需要特别小心的地方，出版后是怎么营销的，等等。总体来看，这些体悟缺乏理论性和系统性，该书也就不是一部研究主题出版的理论著作或者教科书，而是实战经验的点滴汇编，是从亲自操作的案例中找寻经验和启示，以期帮助同行，尤其是刚入职的年轻编辑，打开选题策划的思路，找到适合自己的切入口，改善思维方式方法，避免掉进一些陷阱。

聂震宁在《出版力：精品出版 50 讲》一书中说："出版学没有太艰深的理论，精品出版没有特定的要诀。图书出版形形色色，创新方法千姿百态。产品的差异性决定了创新的差异性。成功者常常因书而异、因时而异、因专业而异。所以，谈出版如果只谈教科书，则势必空洞，往往难以概全，倒不如研习既往案例从而更贴近出版的实务。"的确，每本书都是一个特殊的存在，我们只能具体问题具体分析；从一些案例中得出的一些经验性的东西，也仅供参考借鉴。在我看来，这是案例分析的不足之处。我在做这些案例整理时，也是清醒地意识到这一点。希望读者阅读该书，也要时刻认识到这种缺陷。

有时候，虽然很多事情发生了没多久，但一些细节我已经忘得差不多了。比如有一位译者，我当时是怎么跟她认识的，怎么想也想不起来。这样看来，阶段性总结真的非常重要。如果再过十几年来回忆这些，恐怕绞尽脑汁才能想起一鳞半爪。无论如何，我这些具体的工作体悟，希望对正在从事主题出版工作的同行，或者有志于从事出版事业的朋友，有一定的助益。一些思考不到位的地方，也希望批评指正。

在人民出版社工作的 14 年之中，感谢人民出版社原总编辑辛广伟，人民出版社总编辑李春生，副总编辑王彤、陈鹏鸣，副社长任志强，政治编辑一部历任主任张振明、陈光耀等的教育与帮助，前些年退休的黄书元、任超、乔还田、于青等社领导，对我帮助也很大，感谢人民出版社各位同事的支持，尤其感谢人民出版社蒋茂凝社长的悉心指导和热情鼓励；感谢原总编辑辛广伟在做人、做事、做书上的倾心相授，很多选题策划都是在他的指导下完成的，书稿的内容也是在他的指导下请作者完善的。我在人民出版社成长中的点点滴滴，离不开人民出版社领导和同事的关心关爱。需要特别说明的是，本书中涉及的一些选题策划、编辑加工等，是在领导指导帮助之下，得到同事的配合，共同完成的，在此深表谢意！主题出版重视个人能动性的发挥，但团队的力量才是更稳妥的依靠！

书中难免有纰漏之处，希望读者指正。